Die Vernichtung der Juden
im Konzentrationslager
Majdanek

Tomasz Kranz

Die Vernichtung der Juden im Konzentrationslager Majdanek

Państwowe Muzeum na Majdanku
Lublin 2007

Übersetzung: Christhardt Henschel

Umschlagbild: Teil des während der Lagerauflösung zerstörten Krematoriums,
im Hintergrund eine der Häftlingsbaracken auf Feld V (1944)

Fotos: Państwowe Muzeum na Majdanku

ISBN 978-83-925187-1-6

© 2007 Państwowe Muzeum na Majdanku
ul. Droga Męczenników Majdanka 67
20-325 Lublin
www.majdanek.pl

Druck und Bindung: Petit s.c. Skład-Druk-Oprawa
Printed in Poland

Inhalt

Einleitung

Die Vernichtung der Juden während des Zweiten Weltkriegs wird vor allem mit den Gaskammern von Auschwitz-Birkenau in Verbindung gebracht, jenem Lager, das aus vielerlei Gründen zum Symbol des Holocaust in seiner globalen Dimension wurde. Seine herausragende Bedeutung sowohl für den Verlauf der Judenvernichtung als auch für die Erinnerung an dieses ungeheuerliche Verbrechen ändert gleichwohl nichts an der Tatsache, dass die überwiegende Zahl der Opfer der Shoah außerhalb von Auschwitz ermordet wurde und fast die Hälfte von ihnen durch Hunger, Krankheiten, die grausamen Arbeitsbedingungen und bei Massenerschießungen umkam. Die »Endlösung der Judenfrage«, wie in der *Lingua Tertii Imperii* der nationalsozialistische Völkermord an den Juden bezeichnet wurde, wurde auf verschiedenen Wegen realisiert. Sie reichten von der Schaffung katastrophaler Lebensbedingungen, über die »Vernichtung durch Arbeit« in den Ghettos und verschiedenen Lagern, die Erschießungen ganzer jüdischer Gemeinden, bis hin zur Tötung mit Giftgasen in speziellen Lastwagen und festen Gaskammern.

Eine besondere Rolle bei der Umsetzung des Massenmords an den Juden spielte die Stadt Lublin. Hier richteten die deutschen Besatzer eines der ersten Zwangsarbeitslager für Juden im Generalgouvernement ein, von hier aus wurde die Räumung der Ghettos koordiniert und die mörderische Arbeit der Vernichtungslager in Bełżec, Sobibór und Treblinka gesteuert. Hier befanden sich jene Magazine, in denen das geraubte Eigentum der Opfer angehäuft wurde. Und schließlich entstand hier eines der größten je durch das Dritte Reich errichteten Konzentrationslager.

Dieses Lager, offiziell zunächst als »Kriegsgefangenenlager Lublin« (KGL Lublin) und später als »Konzentrationslager Lublin« (KL Lublin) bezeichnet, wurde umgangssprachlich Majdanek genannt. Es erfüllte in der deutschen antijüdischen Politik mehrere Funktionen, sodass man es nicht zu den eigentlichen Zentren der Massenvernichtung der Juden zählen kann. Trotzdem kam die Mehrzahl der hierher deportierten Juden um: ein Teil ging an Hunger und den Folgen von Krankheiten und Entkräftung zugrunde, ein anderer Teil starb durch die brutale Behandlung der Gefangenen sowie Einzeltötungen, während die übrigen massenhaft erschossen oder vergast wurden. Die Geschichte Majdaneks spiegelt damit die wichtigsten Vernichtungsmethoden wider, welche die Nationalsozialisten im Rahmen der »Endlösung« gegenüber den Juden anwandten.

Diese Publikation ist eine erweiterte Fassung des Artikels *Eksterminacja Żydów na Majdanku i rola obozu w realizacji »Akcji Reinhardt«* [Die Vernichtung der Juden in Majdanek und dessen Rolle bei der Umsetzung der »Aktion Reinhardt«], der 2003 in den »Zeszyty Majdanka« veröffentlicht wurde. Ausführlicher sollen hier die Pläne für die Nutzung Majdaneks als Zwangsarbeitslager für Juden, die Transporte der jüdischen Häftlinge ins Lager und deren Selektionen für die Gaskammern behandelt werden. Eine wichtige Vervollständigung des Textes stellen zudem ausgewählte Fotografien und Archivdokumente dar. Das Hauptziel der Arbeit blieb jedoch unverändert, nämlich eine synthetische und komprimierte Darstellung der Verfolgung und Ermordung der Juden im Konzentrationslager Lublin. Der Autor verbindet mit der Publikation die Hoffnung, dass sie zur Aufrechterhaltung der Erinnerung an jene jüdischen Männer, Frauen und Kinder beiträgt, die im KZ Majdanek zwischen 1941 und 1944 ermordet wurden.

I

Das Konzentrationslager Lublin und die deutschen Pläne zur Ausbeutung der jüdischen Arbeitskraft

Das Konzentrationslager Lublin bestand von Oktober 1941 bis Juli 1944. Seine Funktion war in hohem Maße der Terror- und Vernichtungspolitik des SS-Polizeiapparates in Lublin untergeordnet, vor allem aber dem Führungsanspruch dessen Leiters, Odilo Globocnik. Als SS- und Polizeiführer (SSPF) realisierte er die bevölkerungspolitischen Programme gegenüber Slawen und Juden auf regionaler und überregionaler Ebene. Im Ergebnis erfüllte Majdanek Funktionen als Straflager für die unter harten Repressionen und Vergeltungsaktionen leidende Lubliner Landbevölkerung und als Durchgangslager für polnische Bauernfamilien aus dem mit brutalen Aussiedlungen und »Pazifikationen« überzogenen Südteil der Lubliner Region. Das Lager wurde auch zu einem der Zentren der von Globocnik geleiteten »Aktion Reinhardt«, also dem zwischen Frühjahr 1942 und Herbst 1943 durchgeführten Massenmord an den jüdischen Bewohnern des so genannten Generalgouvernements und des damit einhergehenden Plans zum groß angelegten Raub deren Eigentums.[1]

Die Entstehung des KZ Majdanek stand in engem Zusammenhang mit dem ganz Osteuropa einschließenden deutschen Koloni-

---

[1] Zu Globocniks Aktivitäten siehe Siegfried Pucher, »... in der Bewegung führend tätig.« Odilo Globocnik – Kämpfer für den »Anschluss«, Klagenfurt 1997; Joseph Poprzeczny, Odilo Globocnik. Hitler's Man in the East, North Carolina, London 2004. Die deutsche Besatzungspolitik besprechen Zygmunt Mańkowski, Między Wisłą a Bugiem. Studium o polityce okupanta i postawach społecznych, Lublin 1978; Dieter Pohl, Von der »Judenpolitik« zum Judenmord. Der Distrikt Lublin des Generalgouvernements 1939–1944, Frankfurt am Main 1993; allgemein: Tomasz Kranz, Between Planning and Implementation: The Lublin District and Majdanek Camp in Nazi Policy, in: Larry V. Thompson (Hrsg.), Lessons and Legacies IV. Reflections on Religion, Justice, Sexuality, and Genocide, Evanston 2003, S. 215–235.

sierungs- und Germanisierungsprogramm. Eines seiner Ziele war die Germanisierung Lublins und die Umgestaltung der Stadt in eine Wirtschafts- und Militärbasis der SS. Einen entsprechenden Befehl erließ Heinrich Himmler während seines Besuchs in Lublin am 20. Juli 1941. Demnach sollte Globocnik als Beauftragter des Reichsführers-SS ein »KL von 25–50.000 Häftlingen« einrichten.[2] Aus den damals erlassenen Anordnungen geht hervor, dass Majdanek als Arbeitskräftereservoir für die Umsetzung der deutschen Siedlungs- und Wirtschaftspläne vorgesehen war. Dabei sollte es nicht nur Zwangsarbeiter für die Durchführung von Bauprojekten, vor allem den so genannten »SS- und Polizeistützpunkten«, liefern, sondern auch einen Teil der Ausrüstung für die im Osten stationierten SS-Einheiten produzieren.[3]

In der Planungsphase zwischen Juli und September 1941 wurde nicht endgültig geklärt, welchen Behörden das Konzentrationslager in Lublin unterstellt werden würde. Da die von Himmler an Globocnik übertragenen Kompetenzen auch die Organisation des Lagers einschlossen, oblag ihm zumindest informell die Lageraufsicht. Gleichwohl wurde Majdanek bereits im November 1941, also kurz nach Baubeginn, der Inspektion der Konzentrationslager (IKL) in Oranienburg unterstellt, womit es auch formell zu einem integralen Bestandteil des Systems der deutschen Konzentrationslager wurde, das zentral vom Reichssicherheitshauptamt (RSHA) und seit März 1942 vom SS-Wirtschafts-Verwaltungshauptamt (WVHA) verwaltet wurde.[4]

Die Übernahme der Bauaufsicht durch die IKL und die anschließende Unterstellung unter das WVHA zeigen, dass noch in der Entstehungsphase ein teilweiser Funktionswechsel des Lagers vor sich ging. Das auf die Bedürfnisse Globocniks zugeschnittene Lager ent-

---

[2] Archiwum Państwowego Muzeum na Majdanku (fortan APMM), Pohl-Prozess, Bd. 11, S. 148.

[3] Józef Marszałek, Geneza i początki budowy obozu koncentracyjnego na Majdanku, in: »Zeszyty Majdanka« Bd. I (1965), S. 15–75.

[4] Vorläufiges Verzeichnis der Konzentrationslager und deren Außenkommandos sowie anderer Haftstätten unter dem Reichsführer-SS in Deutschland und deutsch besetzten Gebieten (1933–1945), Arolsen 1969, S. 140.

wickelte sich zu einem Baustein des »SS-Staats«. Das bedeutet jedoch nicht dessen völlige Umwandlung in ein typisches Konzentrationslager, da es weiterhin mit dem Apparat von SS und Polizei in Lublin verknüpft war, der Globocnik direkt untergeordnet blieb. Davon zeugt u. a. eines der Schreiben des Lagerkommandanten Hermann Florstedt vom 11. Juni 1943, in dem er Globocnik als direkten Vorgesetzten Majdaneks erwähnt, der das Recht besaß, das Lager zu betreten, ohne sich ausweisen zu müssen.[5]

Die gleichzeitige Unterordnung Majdaneks unter die Zentralbehörden in Berlin und den SS- und Polizeiführer im Distrikt Lublin belegen auch weitere Quellen. Jakob Sporrenberg, Nachfolger Globocniks, bestätigte in einer Vernehmung über die Lager in Lublin und Umgebung, dass »die Arbeits- und Konzentrationslager unter Globocnik und der Aufsicht des Wirtschaftshauptamtes waren«.[6] Diese Zweigleisigkeit bestätigte bereits nach Kriegsende in einer Aussage Friedrich W. Ruppert, Leiter der technischen Abteilung des KZ Majdanek, der darin unterstrich, dass es aus diesem Grund zu vielen Missverständnissen kam.[7] Auf die enge Einbindung des Lagers in die antijüdische Politik Globocniks verweist auch folgende Aussage des Auschwitzer Lagerkommandanten Rudolf Höß von 1947:

»All diese Einrichtungen organisierte Globocnik als seine eigenen, als Institutionen und Werkzeuge des SS- und Polizeiführers im Distrikt Lublin [...]. Zur Vereinheitlichung der Aktion [der Ermordung der Juden – T.K.] und um ihr eine einheitliche Richtung zu geben, wurde im Sommer 1941, kurz vor dem Kriegsbeginn mit Russland,

---

[5] APMM, KL Lublin, I f 17, Bl. 81. Im Verteiler auf den Kommandanturbefehlen wurde der SSPF im Distrikt Lublin nach dem WVHA an zweiter Stelle genannt.

[6] Zit. nach: Tomasz Kranz, Das KL Lublin – zwischen Planung und Realisierung, in: Ulrich Herbert/Karin Orth/Christoph Dieckmann (Hrsg.), Die nationalsozialistischen Konzentrationslager – Entwicklung und Struktur, Bd. 1, Göttingen 1998, S. 371–372.

[7] Nürnberger Dokumente (fortan Nbg. Dok.), NO-1903, Affidavit Friedrich W. Rupperts vom 6. August 1945. Siehe auch Tomasz Kranz, Affidavit Friedricha W. Rupperta z 6 sierpnia 1945 na temat obozu koncentracyjnego na Majdanku, in: »Zeszyty Majdanka« Bd. XXIII (2005), S. 97–115.

das Lager Globocniks in Lublin in ein dem WVHA hierarchisch unterstelltes Konzentrationslager umgewandelt. Trotz dieses organisatorischen Wandels blieb das Lubliner Lager in Majdanek eine Vernichtungsanstalt der Juden.«[8]

Bei der Einbindung Majdaneks in die Wirtschafts- und Bevölkerungspolitik unterstand es also zwei Instanzen, dem WVHA sowie dem SS- und Polizeiführer im Distrikt Lublin. Dies beeinflusste nicht nur die Situation im Lager selbst, sondern auch die ihm zugedachten Aufgaben. Da Globocnik seine Aufmerksamkeit in den Jahren 1941–1943 auf die Vernichtung der Juden und die Kolonisierungspläne der südlichen Landkreise der Region (Aussiedlung der polnischen Landbevölkerung im Gebiet um Zamość) richtete, griff er in Majdanek nur gelegentlich ein, in der Frage der jüdischen Häftlinge jedoch mit großer Radikalität. Die Vernichtung der Juden im Lager erfolgte auf seine Weisungen und unter seiner Aufsicht.[9]

Die Rolle Majdaneks als Konzentrationslager entzieht sich einer eindeutigen Kategorisierung. Es sei daran erinnert, dass bis ins Frühjahr 1943 die offizielle Lagerbezeichnung »Kriegsgefangenenlager der Waffen-SS Lublin« war.[10] Trotzdem wurde das Lager 1942 in amtlichen Dokumenten auch als Konzentrationslager bezeichnet, was teilweise Missverständnisse hervorrief. Die Bauinspektion der Waffen-SS und Polizei im Generalgouvernement ging beispielsweise im Februar 1942

---

[8] Zagłada Żydów w obozach na ziemiach polskich, in: »Biuletyn Głównej Komisji Badania Zbrodni Hitlerowskich w Polsce« (fortan »Biuletyn GKBZHwP«) Bd. XIII (1960), Dok. 69, S. 148. In den Erinnerungen Höß' befindet sich hingegen folgender Passus über Globocnik: »Das Lubliner Konzentrationslager betrachtete er als seines. Er erteilte dem Kommandanten Befehle und Anordnungen, die den Anweisungen des Inspekteurs der Konzentrationslager oder Pohls völlig widersprachen.« Wspomnienia Rudolfa Hoessa komendanta obozu oświęcimskiego, Warszawa 1960, S. 262.

[9] Nbg. Dok. NO-1903, Affidavit Friedrich W. Rupperts vom 6. August 1945.

[10] Der Hinweis über Himmlers Verfügung vom 16. Februar 1943, mit der er angeordnet hat, die Bezeichnung Majdaneks in Konzentrationslager zu ändern, befindet sich in einem der Schreiben des Kommandanten an die ihm unterstellten Abteilungen. Eine entsprechende Verordnung des RSHA wurde allerdings erst am 9. April 1943 herausgegeben, Vorläufiges Verzeichnis, S. 140.

davon aus, dass in Lublin zwei Lager entstehen sollten, ein Konzentrations- und ein Kriegsgefangenenlager. Ungewissheit über den Bestimmungscharakter Majdaneks herrschte auch in anderen Behörden. Erst in einem Schreiben an das Reichsverkehrsministerium vom 14. April 1942 erläuterte der Reichsführer-SS, dass »dieses Kriegsgefangenenlager gleichzeitig als Konzentrationslager dient.«[11]

Gleichwohl beabsichtigte Himmler nicht den Bau eines gewöhnlichen Gefangenenlagers. Es ging ihm vor allem um die Ausnutzung der sowjetischen Kriegsgefangenen als Arbeitskräfte in den Bau- und Industrieunternehmen der SS. Wie bereits erwähnt, gehörte es zu den dringlichsten Aufgaben in der Frühphase des »Unternehmens Barbarossa« (des deutschen Überfalls auf die Sowjetunion) im Sommer 1941, in Lublin eine Militärbasis zu errichten. Geplant war zudem der Bau einer riesigen Siedlung für SS-Männer sowie der Ausbau der bereits bestehenden SS-Betriebe. Die Entscheidung, beim Bau Majdaneks sowjetische Kriegsgefangene heranzuziehen, fiel wahrscheinlich im August 1941. Ende dieses Monats erhielt der Generalquartiermeister beim Wehrmachtsbefehlshaber im Generalgouvernement die Information, dass insgesamt bis zu 100.000 Gefangene sukzessive in die Gegend von Lublin zur Verfügung Himmlers überführt werden sollten. Im September besprach Himmler die Angelegenheit des Häftlingstransfers mit den für die Konzentrationslager zuständigen Behörden und erzielte eine Einigung mit dem Oberkommando des Heeres. Demzufolge sollte die SS insgesamt 325.000 Häftlinge aus den Stalags übernehmen. Am 27. September 1941 erließ Hans Kammler, der die Bauvorhaben der SS beaufsichtigte, den Befehl, zum 1. Oktober 1941 in Lublin und Auschwitz Kriegsgefangenenlager von einer Kapazität von bis zu 50.000 Mann einzurichten.[12]

Im Oktober 1941 erreichten die ersten Häftlingsgruppen beide Lager, das geplante Kontingent von 50.000 Mann wurde jedoch nie erreicht. Im Herbst 1941, als der Bau Majdaneks bereits begonnen

---

[11] Kopie dieses Schreibens in: Marszałek, Geneza i początki budowy, S. 63–64.

[12] Peter Witte et al. (Hrsg.), Der Dienstkalender Heinrich Himmlers 1941/42, Hamburg 1999, S. 210, 215; Józef Marszałek, Majdanek. Konzentrationslager Lublin, Warszawa 1984, S. 19; APMM, Sammlung Xero- und Fotokopien, XIX-164, Bl. 6.

hatte, war zudem klar, dass aufgrund der hohen Sterblichkeit in den Gefangenenlagern und eines Befehls Hitlers vom 31. Oktober zur Erlaubnis des Einsatzes von sowjetischen Kriegsgefangenen in der Rüstungsindustrie im Reich das Vorhaben der SS, eine größere Zahl von Soldaten der Roten Armee zu übernehmen, keine Aussicht auf Umsetzung hatte.[13] Vermutlich kristallisierte sich in dieser Zeit das Konzept heraus, die sowjetischen Häftlinge durch deutsche Juden zu ersetzen. Mitte September 1941 hatte Hitler ihre Deportation in den Osten beschlossen. Bereits am 2. Oktober unterbreitete ihm Himmler das Angebot, sie ebenfalls in den Distrikt Lublin zu transportieren.[14] Deportationen deutscher Juden aus dem Reich ins Generalgouvernement fanden im Herbst 1941 jedoch nicht statt, ebenso wenig wie die mit der slowakischen Regierung vereinbarte »Evakuierung« der slowakischen Juden nach Polen. Die in dieser Zeit organisierten Transporte aus dem Reich gingen nach Lodz (Łódź), die baltischen Länder sowie ins weißrussische Minsk. Die Deportationen der slowakischen Juden begannen erst im März 1942.

Ende 1941 wurde jedoch die Deportation von Juden aus den Konzentrationslagern nach Majdanek beschlossen. Davon zeugt ein Schreiben der IKL an die Lagerkommandanten vom 19. Januar 1942, das den Befehl zur sofortigen Verlegung der arbeitsfähigen jüdischen Häftlinge nach Lublin gab. In Buchenwald wurden um die 900 Häftlinge zum Transport vorbereitet und ein Sonderzug Weimar-Lublin angefordert, wobei die Dringlichkeit der Sache dadurch unterstrichen wurde, dass der Transport auf Befehl des Reichsführers-SS stattfand. Im letzten Augenblick wurde die Verlegung der jüdischen Häftlinge nach Majdanek jedoch gestoppt: Am 26. Januar 1942 erhielten alle Konzentra-

---

[13] Im Oktober 1941 wurden insgesamt 25.000 sowjetische Gefangene auf mehrere Konzentrationslager verteilt. Reinhard Otto, SS und sowjetische Kriegsgefangene. Ergebnisse der Recherchen in Archiven der ehemaligen Sowjetunion, in: Rolf Keller/ Karl Liedke (Hrsg.), Kriegsgefangene der Wehrmacht 1939–1945 – Forschung und Gedenkstättenarbeit in Deutschland und Polen, Hannover 2004, S. 125–136.

[14] Raul Hilberg, Auschwitz and the Final Solution, in: Yisrael Gutman/Michael Berenbaum (Hrsg.), Anatomy of the Auschwitz Death Camp, Washington 1994, S. 84.

tionslager ein Fernschreiben mit der Information, dass der Befehl vom 19. Januar mit sofortiger Wirkung zurückgezogen werde und bezüglich der Transporte auf weitere Anordnungen zu warten sei.[15]

Die Änderung des Plans war sicherlich den Entscheidungen geschuldet, die am 20. Januar 1942 während der Konferenz in der Berliner Villa, einem Gästehaus der SS, Am Großen Wannsee 56–58, gefällt wurden. Auf diesem Treffen besprachen die Teilnehmer, 15 führende Vertreter der obersten Reichsbehörden, alle logistischen und organisatorischen Einzelheiten der »Endlösung der Judenfrage«, der geplanten Ermordung von 11 Millionen europäischen Juden, die nach der Formulierung im Konferenzprotokoll nach Osten »evakuiert« werden sollten. Ein Teil von ihnen war in »Durchgangsghettos« unterzubringen und deren Arbeitskraft bei Baumaßnahmen auszubeuten. Die übrigen Menschen sollten in den Vernichtungslagern »der Sonderbehandlung zugeführt«, also ermordet werden. Die »Evakuierungen« sollten im Reich sowie im Protektorat Böhmen und Mähren beginnen. Sechs Tage darauf, zweifelsohne im Zusammenhang mit den Beschlüssen der Wannsee-Konferenz, informierte Himmler den Inspekteur der Konzentrationslager, Richard Glücks, dass in den nächsten vier Wochen anstelle der sowjetischen Kriegsgefangenen 150.000 deutsche Juden in die Konzentrationslager deportiert würden.[16]

Der erste Transport ausländischer Juden nach der Wannsee-Konferenz erreichte den Distrikt Lublin am 13. März 1942 aus Theresienstadt. Zwei Tage später trafen deutsche Juden in der Region ein. Diese Deportationen fielen mit dem Beginn der massenhaften Tötung der Juden im Rahmen der »Aktion Reinhardt« zusammen. Wie vorgesehen, wurden zuerst die jüdischen Bewohner der polnischen Städte zu den Vernichtungsorten gebracht, während die ausländischen Juden in den Durchgangsghettos und Arbeitslagern untergebracht wurden. Der Reichspropagandaminister Josef Goebbels schrieb am 27. März 1942 in sein Tagebuch dazu Folgendes: »Die in den Städten

---

[15] APMM, Sammlung Xero- und Fotokopien, XIX-162, Bl. 2.

[16] Siehe Faschismus – Getto – Massenmord. Dokumentation über Ausrottung und Widerstand der Juden in Polen während des Zweiten Weltkrieges, hrsg. von Tatiana Berenstein et al., Berlin 1961, S. 268.

des Generalgouvernements freiwerdenden Ghettos werden jetzt mit den aus dem Reich abgeschobenen Juden gefüllt, und hier soll sich dann nach einer gewissen Zeit der Prozess erneuern.«[17]

Eines der Durchgangsghettos war der 25 km südlich von Lublin gelegene Ort Piaski. Die ersten deutschen Juden trafen hier schon im Februar 1940 im Rahmen des später verworfenen Vorhabens zur Einrichtung eines »Judenreservats« im Lubliner Land ein. Im März und April 1942 wurden hier über 4.000 deutsche und tschechische Juden angesiedelt, während zeitgleich etwa 5.000 polnische Juden in das Vernichtungslager Bełżec verschleppt wurden. Diese Funktion als so genannte »Hauptunterbringungs- und Umschlagpunkte« erfüllten u. a. die Ghettos in Izbica im Kreis Krasnystaw und in Rejowiec bei Chełm.[18]

Es wurde entschieden, einen Teil der ausländischen Juden als Arbeitskräfte zur Sicherung der »großen Aufgaben der SS« im Osten auszunutzen. Josef Bühler, Staatssekretär in der Regierung des Generalgouvernements, teilte am 3. März 1942 dem Gouverneur des Distrikts Lublin, Ernst Zörner, mit, dass »im Rahmen der allgemeinen Lösung des Judenproblems im europäischen Raum es vonnöten ist, in Lublin ein Durchgangslager für die aus den bezeichneten Reichsteilen evakuierten Juden einzurichten.«[19] Er meinte damit offensichtlich das Konzentrationslager Majdanek, welches innerhalb dieser Pläne als Reservoir jüdischer Arbeitskräfte dienen sollte. Dies bestätigt auch ein

---

[17] Die Tagebücher von Josef Goebbels, hrsg. von Elke Fröhlich, Teil II: Diktate 1941–1945, Bd. 2, München u. a. 1995, S. 194.

[18] Die ausländischen Juden wurden auch an andere Orte gebracht, wie Bełżyce, Bychawa, Kraśniczyn, Lubartów, Opole Lubelskie und Zamość. Siehe dazu Robert Kuwałek, Die Durchgangsghettos im Distrikt Lublin (u. a. Izbica, Piaski, Rejowiec und Trawniki), in: Bogdan Musial (Hrsg.), »Aktion Reinhardt«. Der Völkermord an den Juden im Generalgouvernement 1941–1944, Osnabrück 2004, S. 197–232. Vgl. ebenso die Überlebendenberichte: Arnold Hindls, Einer kehrte zurück. Bericht eines Deportierten, Stuttgart 1965; Thomas T. Blatt, Nur die Schatten bleiben. Der Aufstand im Vernichtungslager Sobibór, Berlin 2000.

[19] Zit. nach: Bogdan Musial, Deutsche Zivilverwaltung und Judenverfolgung im Generalgouvernement. Eine Fallstudie zum Distrikt Lublin 1939–1944, Wiesbaden 1999, S. 223. Siehe auch Michael T. Allen, The Business of Genocide. The SS, Slave Labor, and the Concentration Camps, Chapel Hill, London 2002, S. 151.

Gespräch, das Fritz Reuter, ein Mitarbeiter im Amt des Gouverneurs des Distrikts Lublin, zwei Wochen darauf mit Globocniks Stabschef Hermann Höfle führte. Da Höfle die Räumung der Ghettos und die Transporte in die Vernichtungslager koordinierte, ging es dabei um die Aufteilung der in den Distrikt verschleppten Juden nach den Kriterien der »Arbeitsfähigkeit«. In der entsprechenden Gesprächsnotiz schrieb Reuter auf, dass »Höfle daran (ist), ein großes Lager zu bauen, in welchem die einsatzfähigen Juden nach ihren Berufen karteimäßig erfasst und wo von dort angefordert werden können.«[20]

Es deutet viel darauf hin, dass Majdanek auch später als Sammel- und Durchgangslager für Juden vorgesehen war. Nach einem Besuch Himmlers am 19. Juli 1942 in Lublin und seinem Befehl, der das Ende der Judenvernichtung im Generalgouvernement auf den 31. Dezember 1942 festsetzte, war klar, dass Lublin und damit auch Majdanek einer von fünf ausgewiesenen Sammelpunkten der jüdischen Bevölkerung werden sollte.[21] Als Hitler am 2. September 1942 entschied, jüdische Spezialisten im Generalgouvernement vorläufig zu verschonen, erließ Himmler, der die Zusammenfassung der jüdischen Arbeiter in den Konzentrationslagern der SS plante, Anfang Oktober einen entsprechenden Befehl.[22] Eines der dafür vorgesehenen Lager sollte Majdanek sein, was am 5. Oktober ebenfalls Gerhard Maurer, der Chef des Amtes D II (Arbeitseinsatz der Häftlinge) im WVHA bestätigte. Er informierte, dass nach dem Willen Himmlers alle Konzentrationslager im Reich von Juden gesäubert und diese in die Lager Auschwitz und Lublin überführt werden sollten.[23]

Dieses Vorhaben wurde allerdings nicht realisiert. Die Juden stellten in dieser Zeit nur einen kleinen Anteil der Häftlinge in diesen Lagern,

---

[20] Eksterminacja Żydów na ziemiach polskich w okresie okupacji hitlerowskiej. Zbiór dokumentów, hrsg. von Tatiana Berenstein, Artur Eisenbach und Adam Rutkowski, Warszawa 1957, S. 280.

[21] Faschismus – Getto – Massenmord, S. 303.

[22] Der Dienstkalender Heinrich Himmlers, S. 68; Dieter Pohl, Die großen Zwangsarbeitslager der SS- und Polizeiführer für Juden im Generalgouvernement 1942–1945, in: Herbert/Ort/Dieckmann, Konzentrationslager, Bd. 1, S. 419.

[23] APMM, Pohl-Prozess, Bd. 5, S. 73.

was möglicherweise der Grund dafür war, dass sich die Transporte auf Auschwitz beschränkten. Dazu kam ab Oktober 1942 ein weiterer, die Deportation jüdischer Häftlinge ins KL Lublin beeinflussender Entscheidungsprozess innerhalb der NS-Judenpolitik. Seit dieser Zeit organisierte die SS die Übernahme und Überführung der Industriebetriebe und deren Arbeitskräfte aus dem Warschauer Ghetto in Arbeitslager im Lubliner Gebiet und nach Majdanek. In dieser Angelegenheit engagierte sich auch Globocnik, der im ihm unterstellten Distrikt Pläne zur Errichtung eines riesigen »Wirtschaftsimperiums« verfolgte. Es sollten spezielle Arbeitslager zur Kriegsproduktion eingerichtet werden, welche die Maschinen und Rohstoffvorräte aus dem Warschauer Ghetto sowie in absehbarer Zeit auch aus den Ghettos Białystok und Lodz nutzen würden. Sie sollten die Kriegsindustrie im Reich entlasten und zugleich für die SS eine bedeutende Einnahmequelle bilden. Gemeinsam mit dem WVHA gründete Globocnik zu diesem Zweck ein Unternehmen mit der Bezeichnung »Ostindustrie GmbH« (OSTI). Einer seiner Ziele war die Ausnutzung der jüdischen Arbeitskraft und die Verarbeitung des den Opfern der »Aktion Reinhardt« geraubten Vermögens.[24]

Der Transfer der Fabrikanlagen aus dem Warschauer Ghetto in den Distrikt Lublin zog sich jedoch einige Monate hin. Anfang 1943 befahl Himmler, 16.000 Juden aus Warschau nach Majdanek zu transportieren und legte den 15. Februar als endgültigen Termin für die Demontage der Fabriken fest. Am 2. Februar 1943 versicherte der SS- und Polizeiführer im Distrikt Warschau: »Es werden nicht nur die Firmen Többens und Schultz & Co., sondern auch alle übrigen, es sind insgesamt 8 Betriebe mit etwa 20.000 jüdischen Arbeitskräften, in das Konzentrationslager nach Lublin verbracht.«[25] Der bewaffnete Widerstand im Ghetto durchkreuzte allerdings diese Pläne. Infolgedessen änderte Himmler zwei Wochen später seine Absichten und

---

[24] Artur Eisenbach, Hitlerowska polityka zagłady Żydów, Warszawa 1961, S. 431–434; Helge Grabitz, Wolfgang Scheffler, Letzte Spuren. Ghetto Warschau, SS-Arbeitslager Trawniki, Aktion Erntefest, Fotos und Dokumente über Opfer des Endlösungswahns im Spiegel der historischen Ereignisse, Berlin 1993, S. 179–260.
[25] Eksterminacja Żydów, S. 249–250.

18

forderte die Einrichtung eines Konzentrationslagers im Warschauer Ghetto sowie die Umsiedlung der privaten Industriebetriebe in den Distrikt Lublin: »Das gesamte Konzentrationslager Warschau mit seinen Betrieben und seinen Insassen ist so rasch wie möglich nach Lublin und Umgebung umzusetzen [...]«.[26]

Bis Mitte April 1943 wurden aus dem Warschauer Ghetto die Maschinen und Einrichtungen einiger Firmen sowie einige hundert jüdische Arbeiter, die sich als Freiwillige gemeldet hatten, abtransportiert. Zur endgültigen Liquidierung des Ghettos ging die SS am 19. April über, doch brach dort am selben Tag der Aufstand der verbliebenen Juden aus. Trotz des verzweifelten Widerstands gelang es den Deutschen, einige zehntausend Juden festzunehmen. Fast 40.000 Personen wurden von Ende April bis Mitte Mai in das Lubliner Gebiet deportiert. Die Mehrzahl von ihnen gelangte nach Trawniki, wo Kürschner- und Schneiderwerkstätten der Firma Schulz eingerichtet wurden, sowie in das Lager Poniatowa, wo sich die aus Warschau umgesiedelten Textilwerke Többens befanden. Die übrigen Personen wurden nach Majdanek und die Arbeitslager in Lublin und Budzyń überführt. Im Ergebnis befanden sich im Juni 1943 rund 45.000 jüdische Häftlinge unter Globocniks Kontrolle, deren Mehrzahl für einige Zeit am Leben gelassen und als Arbeitskräfte in den Werkstätten und Betrieben der SS eingesetzt werden sollten. Fest stand jedoch seit langem, dass sie früher oder später ermordet werden würden, wovon u. a. ein Schreiben Himmlers vom 9. Oktober 1942 an den Chef des Oberkommandos der Wehrmacht zeugt: »Es wird dann unser Bestreben sein, diese jüdischen Arbeitskräfte durch Polen zu ersetzen und die größere Anzahl dieser jüdischen KL-Betriebe in ein paar wenige jüdische KL-Großbetriebe tunlichst im Osten des Generalgouvernements zusammenzufassen. Jedoch auch dort sollen eines Tages, dem Wunsche des Führers entsprechend, die Juden verschwinden.«[27]

---

[26] Ebenda, S. 323.
[27] Ebenda, S. 246.

II

Die Transporte der Juden nach Majdanek

Die Deportationen jüdischer Häftlinge nach Majdanek erstreckten sich über den gesamten Zeitraum seines Bestehens von Herbst 1941 bis Sommer 1944. Aufgrund der unterschiedlichen Herkunft der Transporte kann man folgende Phasen unterscheiden:

1. Oktober 1941 – Ende März 1942 (einzelne Gruppen von Juden aus Lublin und Umgebung werden nach Majdanek gebracht);
2. Ende März/Anfang April – Juni 1942 (Deportationen von Juden aus der Slowakei, dem Protektorat Böhmen und Mähren, dem Reich sowie den Ghettos in Lublin und der Region);
3. Juli – Dezember 1942 (Deportationen aus den Ghettos in Lublin und Warschau sowie dem Distrikt Lublin);
4. Januar – März 1943 (sporadische Deportationen aus dem Distrikt Lublin);
5. Ende April – September 1943 (Deportationen aus dem Warschauer Ghetto, dem Distrikt Lublin und dem Ghetto Białystok);
6. November 1943 (Deportation aus den Lagern und Außenkommandos in Lublin während der Massenexekution unter dem Decknamen »Erntefest«);
7. Dezember 1943 – Juli 1944 (einige kleinere Transporte aus anderen Lagern).

Der Bau des Lagers begann im Oktober 1941. Anfangs führten ca. 500 polnische Kriegsgefangene jüdischer Herkunft, die täglich aus dem Arbeitslager in der Lipowa-Straße 7 im Stadtzentrum Lublins hergeführt wurden, einen Teil der Bauarbeiten durch. Nach einigen Wochen rückte man angesichts einer Typhusepidemie unter den sowjetischen Gefangenen in Majdanek davon ab. Am 12. Dezember wurden 150 Männer aus dem Lubliner Ghetto verhaftet und anstelle der jüdischen Kriegsgefangenen zu diesen Arbeiten gezwungen. Zur Jahreswende 1941/42 wurden in Lublin und den umliegenden Ghettos noch mehrere Razzien durchgeführt, die zur Folge hatten, dass einige hundert Personen nach Majdanek kamen.[1]

Regelmäßige Deportationen von Juden ins KL Lublin erfolgten erst seit Ende März 1942 im Zusammenhang mit der Realisierung der Beschlüsse der Wannsee-Konferenz. In den Tagen zwischen 29. März und 7. April gelangten vier Transporte aus der Slowakei nach Lublin, von denen alle Personen, insgesamt 4.500 Männer, nach Majdanek gebracht wurden. Mit den späteren Transporten slowakischer Juden verschleppte man aber auch Frauen und Kinder, darunter ganze Familien aus Orten wie Bratislava, Nitra, Prešov, Trnava, Trebišov und Žilina. Die Deportationszüge wurden in Lublin an der Rampe an der Wrońska-Straße gestoppt, die etwa zwei Kilometer vom Lager entfernt, auf dem Gelände der ehemaligen Flugzeugfabrik, dem so genannten »Flugplatz« bzw. »Flughafen«, lag. In den meisten Fällen wurde ein Teil der Männer, ca. 250 Personen, abgesondert und beim Bau Majdaneks eingesetzt. Die übrigen Männer, Frauen und Kinder wurden in die Ghettos oder Arbeitslager und ab Juni 1942 direkt ins Vernichtungslager Sobibór gebracht. Genauso verfuhr man mit den jüdischen Transporten aus dem Protektorat Böhmen und Mähren, Deutschland und zum Teil aus Wien. Während der Selektionen auf dem Nebengleis der Bahnstrecke an der Wrońska-Straße wurden oftmals arbeitsfähige Männer ausgewählt und ins Lager Majdanek getrieben. Aus zwei Transporten mit tschechischen Juden in die Ghettos Piaski und Izbica, die am 25. und 29. April in Lublin ankamen, wurden beispielsweise ungefähr 400 Männer auf dem »Flugplatz« ausgewählt. Das Gleiche geschah am 26. Mai mit ca. 130 Personen eines Deportationszuges mit deutschen Juden nach Izbica. Arnold Hindls, der Lublin am 25. April 1942 mit einem Transport aus Theresienstadt erreichte, berichtet:

---

[1] Tatiana Berenstein, Adam Rutkowski, Żydzi w obozie koncentracyjnym Majdanek (1941–1944), in: »Biuletyn Żydowskiego Instytutu Historycznego« (fortan »Biuletyn ŻIH«) Nr. 58 (1966), S. 6–7.

»In Lublin erlebten wir die erste schmerzliche Überraschung. Noch ehe der Zug zum Stehen gekommen war, wurden die Waggontüren aufgerissen, drangen bis an die Zähne bewaffnete SS-Männer in unsere Waggons ein, drängten, während sie die Waggons durchschritten, die in den Gängen stehenden Menschen mit brutaler Gewalt, mit Schlägen und Kolbenstößen zur Seite und brüllten: ‚Alle Männer von achtzehn bis fünfundfünfzig Jahren sofort aussteigen! Handgepäck mitnehmen! Schneller! Schneller!' […] Dieser Befehl und das ganz unerwartete Auseinanderreißen der Familien lösten unbeschreibliche Erregung, Verwirrung und Verzweiflung aus. In Tränen aufgelöst, die Hände gefaltet, flehten die Frauen: ‚Lasst uns doch unsere Männer und Kinder! Was werden wir denn allein anfangen?' Darauf sagte man den Frauen, dass die Männer zu dringenden Arbeiten in Lublin gebraucht würden und dass sie bestimmt in einigen Tagen nachkämen. Wie sich später erwies, war das eine bewusste Lüge. Denn niemals sahen sie ihre Männer und Söhne wieder, die in das Vernichtungslager Majdanek bei Lublin gebracht wurden, wie wir von russischen Kriegsgefangenen später erfuhren. Aber in diesem Moment klammerten sich die Frauen hoffnungsvoll an das Versprechen. Mit ihrem ‚Schneller! Schneller!' drängten die SS-Männer auf die Durchführung des Befehls, drangen wieder in die Waggons, ließen keine Zeit zur Teilung des Handgepäcks und halfen mit Fußtritten und Kolbenschlägen energisch nach, bis endlich zweihundertfünfzig Männer aus unserem Transport ausgestiegen waren und unter starker SS-Eskorte abgeführt wurden. […] In sehr gedrückter Stimmung ging es dann weiter nach dem Osten.«[2]

---

[2] Hindls, Einer kehrte zurück, S. 12–13. Nahezu identisch verlief die Selektion eines Transports deutscher Juden aus Kassel nach Izbica vom 3. Juni 1942. Auf dem »Flugplatz« wurden 98 bis 115 Männer ausgewählt und nach Majdanek getrieben. In dieser Gruppe befanden sich der zwanzigjährige Robert Eisenstädt und sein vier Jahre älterer Bruder Willi. Die Mutter, zwei Schwestern und der vierzehnjährige Bruder Heinrich fuhren weiter. Sie starben wahrscheinlich in Sobibór. Siehe Bericht von Robert Eisenstädt über die gewaltsame Verschleppung im Mai 1942, in: Das achte Licht. Beiträge zur Kultur- und Sozialgeschichte der Juden in Nordhessen, hrsg. von Helmut Burmeister und Michael Dohrs, Hofgeismar 2000, S. 243–247.

Im Frühjahr 1942 wurden auch polnische Juden aus den Ghettos in Lublin, Bełżyce, Izbica, Międzyrzec Podlaski und Zamość nach Majdanek verschleppt. Unter ihnen befanden sich ebenfalls ausländische Juden, die meist einige Wochen zuvor an diese Orte gebracht worden waren. Am 14. Mai wurden 320 Deportierte aus dem Ghetto Bełżyce im Kreis Lublin in der Häftlingskartei vermerkt, unter denen sich neben einheimischen auch deutsche Juden befanden, die bereits im Februar 1940 aus Stettin deportiert worden waren.[3]

Die Deportationen ausländischer Juden in die Lubliner Region wurden Mitte Juni 1942 wegen Bauarbeiten an einigen Eisenbahnstrecken und Transportschwierigkeiten unterbrochen. Somit überwogen in Majdanek in der zweiten Jahreshälfte 1942 Transporte aus Polen. Am 15. August kamen etwa 1.600 Juden aus dem Warschauer Ghetto an, weitere 1.700 Personen, darunter 150 Mitglieder des Jüdischen Ordnungsdienstes, trafen Mitte September ein. In kleineren Gruppen gelangten Warschauer Juden noch im Oktober 1942 nach Majdanek. Darüber hinaus gab es im Herbst desselben Jahres im Zuge der endgültigen Liquidierung der Ghettos Deportationen jüdischer Einwohner aus vielen Ortschaften der Lubliner Region. Betroffen davon waren u. a. folgende Orte: Bełżyce, Bychawa, Firlej, Izbica, Kamionka, Kurów, Lubartów, Markuszów, Międzyrzec Podlaski, Ostrów Lubelski, Parczew sowie Zamość. Aufgrund dieser Aktionen wurden im Oktober und November häufig je einige hundert Personen ins KZ Majdanek eingewiesen. Unter den Deportierten befanden sich neben polnischen auch deutsche, slowakische und tschechische Juden.

Im Oktober 1942 wurden ins KL Lublin die ersten Jüdinnen zuerst aus Bełżyce und später aus Lublin und Warschau eingeliefert. Am 24. und 25. desselben Monats brachte man einige hundert jüdische Frauen und Männer aus Piaski und dem Lubliner Ghetto Majdan Tatarski nach Majdanek. Die endgültige Auflösung dieses Ghettos erfolgte am

---

[3] Ausführlicher dazu Marszałek, Majdanek, S. 64–67; Miroslav Kryl, Deportationen von Theresienstadt nach Majdanek, in: »Theresienstädter Studien und Dokumente« (1994), S. 74–89.

9. November. Ungefähr 3.000 jüdische Männer, Frauen und Kinder überführte man nach Majdanek, von denen nur 2.000 Personen im Lager blieben. Die Übrigen wurden ermordet. Zwei Wochen darauf, am 24. November, wurden fast 700 Juden in der Lagerkartei registriert. Anfang Dezember verlegte man aus dem Arbeitslager in der Lipowa-Straße und den Außenkommandos insgesamt fast 500 Personen nach Majdanek, die für die mit der »Aktion Reinhardt« verbundenen SS-Betriebe in der Stadt arbeiteten.[4]

Nach einem Bericht des SS-Statistikers Richard Korherr wurden im Jahr 1942 insgesamt 26.258 Juden nach Majdanek deportiert, wobei diese Zahl nicht jene berücksichtigt, die unmittelbar nach ihrer Ankunft im Lager ermordet wurden.[5]

Im ersten Quartal 1943 erreichten nur wenige Transporte mit Juden das KL Lublin. Eine größere Gruppe stammte aus der im Südosten der Region Lublin liegenden Stadt Hrubieszów. Es gab auch einige außergewöhnliche Deportationen, so einen Transport aus dem Vernichtungslager Treblinka mit 104 Jüdinnen, die dorthin zuvor aus Białystok und Grodno verschleppt worden waren. Ähnliche Fälle kamen auch im März vor, als aus den aus Frankreich und den Niederlanden in das Vernichtungslager Sobibór geleiteten Deportationszügen einige kleine Häftlingsgruppen für die Überstellung nach Majdanek herausgesucht wurden. So wurden z. B. von einem Transport, der aus Drancy in Frankreich am 4. März 1943 abging und 1.003 Personen (darunter 377 polnische, 268 deutsche, 99 österreichische, 91 rus-

---

[4] The National Archives, Kew, HW 16/10, Die Belegstärken Majdaneks für den Zeitraum von Januar 1942 bis Januar 1943, erstellt auf Grundlage der Abhörmaßnahmen des britischen Geheimdienstes; Józef Marszałek, Żydzi warszawscy w Lublinie i na Lubelszczyźnie w latach 1940–1944, in: Tadeusz Radzik (Hrsg.), Żydzi w Lublinie. Materiały do dziejów społeczności żydowskiej Lublina, Lublin 1995, S. 257–271; Krzysztof A. Tarkowski, Transport Żydów z getta warszawskiego z 15 sierpnia 1942 roku, in: »Zeszyty Majdanka« Bd. XXI (2001), S. 247–275; ders., Transporty więźniów przybywające do obozu na Majdanku jesienią 1942 roku. Analiza numeracji więźniów, in: »Zeszyty Majdanka« Bd. XXII (2003), S. 305–364; Robert Kuwałek, Żydzi lubelscy w obozie koncentracyjnym na Majdanku, in: »Zeszyty Majdanka« Bd. XXII (2003), S. 77–120.

[5] Nbg. Dok. NO-5194, Korherr-Bericht, S. 11–12.

sische und 40 niederländische Juden) zählte, 40 Männer zur Arbeit ins KL Lublin gebracht.[6]

Ein sprunghafter Anstieg der Deportationen erfolgte Ende April 1943, als 3.500 Personen aus dem Warschauer Ghetto nach Majdanek gebracht wurden. Bis Mitte Mai wuchs deren Gesamtzahl auf 15.000 Männer, Frauen und Kinder. An die 1.000 Männer kamen über Treblinka nach Majdanek. In dieser Phase wurden die letzten noch vorhandenen Ghettos (so genannte »Restghettos«) und kleine Arbeitslager für Juden in der Lubliner Region endgültig liquidiert. Einen Teil der jüdischen Bevölkerung schickte man nach Majdanek. Sie stammten u. a. aus Międzyrzec Podlaski, Rejowiec und Suchowola bei Radzyń Podlaski. Aus dem Arbeitslager der Luftwaffe in Zamość wurden am 31. Mai ca. 400 Personen deportiert. Anfang Juni wurden zudem über 800 griechische Jüdinnen und Juden aus dem KL Auschwitz, und im letzten Drittel des August und Anfang September einige tausend Ghettobewohner aus Białystok nach Majdanek deportiert. Sieht man von den Häftlingen aus Auschwitz ab, überwogen die als arbeitsfähig eingestuften Menschen.[7]

Am 3. November 1943 wurde das KL Lublin zum Schauplatz eines der größten Massaker des Zweiten Weltkriegs. An diesem Tag trieb man 10.000–12.000 Personen aus dem Lager- und Magazinkomplex auf dem »Flugplatz« an der Wrońska-Straße, dem Arbeitslager in der Lipowa-Straße sowie mehreren kleineren Außenkommandos nach Majdanek. Sie teilten das tragische Schicksal der jüdischen Häftlinge des Lagers und wurden hier erschossen.

---

[6] Zofia Leszczyńska, Kronika obozu na Majdanku, Lublin 1980, S. 136; Jules Schelvis, Vernichtungslager Sobibór, Hamburg 2003, S. 261ff.

[7] Der Transport aus dem KZ Auschwitz mit griechischen Juden, die angeblich an Malaria litten, erreichte Majdanek am 5. Juni 1943. Es befanden sich in ihm 542 Männer und 302 Frauen im Alter zwischen 16 und 20 Jahren. Ziel des Transports war wahrscheinlich der Test eines neuen Medikaments gegen Malaria. Die Versuche führte der SS-Arzt Heinrich Rindfleisch durch, der die Griechinnen in einer gesonderten Baracke unterbrachte und ihnen ein nicht näher bekanntes Mittel verabreichen ließ. In Wirklichkeit litten viele dieser Häftlinge an Typhus, der die Gruppe innerhalb kürzester Zeit dezimierte. Siehe I Shall Fear no Evil. The Story of Dr. Alina Brewda by R.J. Minney, London [o.J.], S. 91–92.

Tabelle 1. Zahl der jüdischen Häftlinge im Konzentrationslager Majdanek
nach den täglichen Stärkemeldungen

Datum	Anzahl der Juden	Gesamtzahl der Häftlinge
16.01.42	210	1.063
20.03.42	0	109
22.04.42	5.847	5.896
20.05.42	11.464	11.557
30.06.42	9.779	10.357
29.08.42	8.359	9.048
31.10.42	7.781	9.795
31.12.42	7.342	8.354
29.01.43	4.861	6.397
3.04.43	4.139	11.327
5.05.43	12.822	20.552
15.05.43	17.527	24.791
16.06.43	15.421	22.354
1.12.43	0*	6.562
31.12.43	71*	7.633
15.03.44	834*	9.166

Quellen: APMM I c 2, I a 2, XIX-595, XII-9; The National Archives, Kew, HW 16/10.

* In der Häftlingsstatistik wurden einige hundert Juden, die nach der Exekution vom 3. November 1943 in Majdanek verblieben, nicht ausgewiesen. Formal handelte es sich nicht um Häftlinge des KL Lublin. Die Frauen kamen aus dem Lager auf dem »Flugplatz«, die Männer aus dem Lager in der Lipowa-Straße.

In den letzten Monaten der Existenz des KZ Majdanek wurden Juden nur sporadisch eingeliefert. Mitte Dezember 1943 wurden einige Dutzend Personen aus Auschwitz überstellt, ein Teil davon war bereits früher in Majdanek inhaftiert gewesen. Im Frühjahr 1944 verlegte man einige hundert jüdische Frauen und mit ihnen eine kleine Gruppe von Kindern, einige hundert Juden aus den Zwangsarbeitslagern in Radom, Bliżyn und Budzyń sowie ca. 50 Jüdinnen nach Majdanek, welche bei den Aufräumarbeiten im ehemaligen Lager in Trawniki eingesetzt waren.[8]

Aus obiger Tabelle geht hervor, dass die größten Transporte mit Juden zwischen Ende März und Juni 1942 sowie zwischen Ende April und Juni 1943 stattfanden. Das Fehlen von Quellen für die zweite Jahreshälfte 1943 erschwert es, die Entwicklung der Belegungszahlen in dieser Phase genau nachzuvollziehen. Man weiß gleichwohl, dass z. B. am 21. Juli die Lagerverwaltung 4.730, am 20. August 6.065 und am 29. Oktober 4.287 jüdische männliche Häftlinge meldete. Die Zahl der Jüdinnen betrug am 20. August 3.200 und im Oktober ca. 1.600. Mitte 1942 stellten die Juden 95 Prozent der Gefangenen Majdaneks. Dieser Anteil fiel gegen Ende desselben Jahres auf 88 Prozent, im Juni 1943 auf 69 Prozent und bis Oktober auf fast 50 Prozent. In den ersten zwei Jahren, zwischen Oktober 1941 und November 1943, bildeten die Jüdinnen und Juden demnach die zahlenmäßig stärkste Häftlingsgruppe.[9] Dabei muss man erwähnen, dass ein Teil von ihnen zwar in Majdanek registriert war, doch außerhalb des Lagers arbeitete, was in den Stärkemeldungen nicht berücksichtigt wurde.

Die lückenhaften Quellen ermöglichen es nicht, die genaue Zahl der zwischen 1941 und 1944 nach Majdanek deportierten Juden festzustellen. Hinzu kommt, dass ein Teil der Häftlinge nicht in den Lagerkarteien registriert, sondern unmittelbar nach dem Eintreffen in den Gaskammern ermordet wurde. Eine annähernde Berechnung der jüdischen Häftlingszahl macht dies dennoch nicht unmöglich, wenn man die in den wissenschaftlichen Studien zu den einzelnen Herkunftsregionen der Juden aus Polen und dem Ausland angegebenen

---

[8] Berenstein, Rutkowski, Żydzi w obozie, S. 46–47; Zofia Leszczyńska, Transporty i stany liczbowe obozu, in: Tadeusz Mencel (Hrsg.), Majdanek 1941–1944, Lublin 1991, S. 93–128; Jerzy Kwiatkowski, 485 dni na Majdanku, Lublin 1966, S. 326, 332; APMM, Vernehmungsprotokolle der jüdischen Zeuginnen aus den Voruntersuchungen im Prozess in Düsseldorf (1961–1980), Xerokopien/I, Sophia Engelsmann, Zeugenvernehmungsprotokoll, Bl. 77–78.

[9] APMM, KL Lublin, I c 2, Bd. 1; Zofia Murawska, Kobiety w obozie koncentracyjnym na Majdanku, in: »Zeszyty Majdanka« Bd. IV (1969), S. 107–116; Zofia Leszczyńska, Stany liczbowe więźniów obozu koncentracyjnego na Majdanku, in: »Zeszyty Majdanka« Bd. VII (1973), S. 5–34.

Ziffern berücksichtigt. Die aus deren Summierung gewonnenen Ergebnisse kann man zusätzlich mit den in den zeitgenössischen Quellen enthaltenen Statistiken konfrontieren. Es handelt sich dabei vor allem um die Belegzahlen Majdaneks für das Jahr 1942 sowie die Häftlingsrapportmeldungen einiger Monate des Jahres 1943. Hilfreich sind gleichermaßen die Daten aus dem vom SS-Statistiker Richard Korherr für Hitler angefertigten Bericht.[10]

Für die Berechnung der Gesamtzahl der durch das Lager gegangenen Juden hat zunächst die Feststellung der Zahl der polnischen, besonders der aus dem Distrikt Lublin stammenden Juden zentrale Bedeutung, da hierzu in der Literatur die größten Differenzen auftreten. Die Forschungen von Janina Kiełboń ergaben, dass 1942 über 25.000 Juden aus dem Lubliner Gebiet ins Lager kamen. Für 1942 und 1943 ergeben sich demnach insgesamt 35.000 deportierte Personen.[11] Bestätigt wird dieser Befund, demzufolge allein im Oktober 1942 nahezu 12.000 Juden aus dem Distrikt Lublin in Majdanek eingewiesen wurden, allerdings weder durch die Belegzahlen des Lagers, noch durch die Einzelauflistungen der in der Region durchgeführten Aussiedlungen und Deportationen in die Vernichtungslager.[12] Niedrigere Daten ergeben sich auch aus den Berechnungen Wolfgang Schefflers, der annimmt, dass aus dem Distrikt Lublin etwa 7 Prozent der jüdischen Bevölkerung (ungefähr 18.000 Personen) nach Majdanek verschleppt wurden.[13]

---

[10] The National Archives, Kew, HW 16/10, Die Belegstärken Majdaneks für den Zeitraum von Januar 1942 bis Januar 1943, erstellt auf Grundlage der Abhörmaßnahmen des britischen Geheimdienstes; APMM, Sammlung Xero- und Fotokopien, XIX-595, Stärkemeldungen für die Zeit vom 1. April bis 16. Juni 1943; Nbg. Dok. NO-5194, Korherr-Bericht.

[11] Janina Kiełboń, Migracje ludności w dystrykcie lubelskim w latach 1939–1944, Lublin 1995, S. 173–175.

[12] Tatiana Brustin-Berenstein, Martyrologia, opór i zagłada ludności żydowskiej w dystrykcie lubelskim, in: »Biuletyn ŻIH« Nr. 21 (1957), S. 60, 70, 73–75, 78, 80.

[13] Siehe das Gutachten Wolfgang Schefflers zur Verfolgung der Juden im Generalgouvernement in: Helge Grabitz (Hg.), Täter und Gehilfen des Endlösungswahns. Hamburger Verfahren wegen NS-Gewaltverbrechen 1946–1996, Hamburg 1999, S. 186.

Legt man das in der Literatur zu findende Zahlenmaterial über die Herkunftsländer der Juden sowie die Zahlen der polnischen Juden aus den Distrikten Lublin, Warschau und dem Ghetto in Białystok der Rechnung zugrunde, lässt sich eine Schätzung der Zahl der 1941–1944 nach Majdanek deportierten Juden vornehmen, wie sie die beiden folgenden Tabellen darstellen:

Tabelle 2. Deportationen polnischer Juden

Distrikt Lublin	26.000[14]
Ghetto Warschau	20.000[15]
Ghetto Białystok	6.500[16]
Personen unterschiedlicher Herkunft, die in den Lagerkarteien nicht registriert und am 3. November 1943 aus den Arbeitslagern nach Majdanek getrieben wurden; ebenso Deportierte im Jahr 1944	4.000[17]
Gesamt	56.500

[14] Gerundeter Mittelwert der Schätzungsberechnungen Schefflers und Kiełbońs.

[15] Marszałek, Żydzi warszawscy, S. 257–271.

[16] In einigen Publikationen wird davon ausgegangen, dass über 11.000 Juden aus Białystok nach Majdanek kamen. Diese Zahl wurde aus der Waggonzahl der vier Züge ermittelt, deren Zielbahnhof Lublin war. Siehe Kiełboń, Migracje ludności, S. 154; »Biuletyn GKBZHwP« Bd. XIII (1960), Dok. 37, S. 88. Ein Teil der Waggons wurde jedoch auf dem Bahnhof in Małkinia vom Zug abgekoppelt und nach Treblinka geschickt. Siehe APMM, Erinnerungen und Berichte, VII-1314, Szamaj Kizelsztajn, S. 18. Außerdem wurde eine gewisse Anzahl der von Białystok nach Lublin deportierten Juden ins Arbeitslager in Bliżyn transportiert. Die Zahl von 6.500 wird hier nach Zofia Leszczyńska herangezogen, Transporty więźniów do obozu koncentracyjnego na Majdanku 1941–1944, in: »Zeszyty Majdanka« Bd. IV (1969), S. 197, Anm. 96.

[17] Ein erheblicher Teil der in den Wirtschaftsbetrieben und Werkstätten von Deutschen Ausrüstungswerken (DAW), Ostindustrie GmbH und Bekleidungswerken sowie beim Bau des SS-Sportplatzes in der Leszczyński-Straße in Lublin eingesetzten Juden wurde von Majdanek aus abkommandiert. Sie wurden zwar in den Belegständen nicht berücksichtigt, durchliefen jedoch das Stammlager und wurden bei der Erfassung der Größe der eingehenden Transporte einbezogen, weshalb man sie nicht doppelt zählen darf. Andererseits wurden 1942 und 1943 in die Lager an der Lipowa-Straße und auf dem »Flugplatz« Jüdinnen und Juden überstellt, die nicht durch Majdanek gingen. Ihre Zahl ist schwer näher zu bestimmen, doch scheinen etwa 4.000 Personen realistisch. In dieser Gruppe befanden sich außerdem wahrscheinlich einige hundert ausländische Juden.

Tabelle 3. Deportationen ausländischer Juden

Slowakei	8.500[18]
Protektorat Böhmen und Mähren	3.000[19]
Deutsches Reich, Österreich	3.000[20]
Frankreich, Niederlande, Griechenland	2.000[21]
Juden unterschiedlicher Nationalität, die in den Lagerkarteien nicht erfasst und am 3. November 1943 aus den Arbeitslagern nach Majdanek getrieben wurden; ebenso Deportierte im Jahr 1944	1.000[22]
Gesamt	17.500

Addiert man die geschätzte Zahl polnischer Juden (56.500) mit der Zahl ausländischer Juden (17.500), erhält man für die Jahre 1941–1944 eine Summe von 74.000 Deportierten. Ein Teil von ihnen wurde in andere Lager transportiert, wovon noch die Rede sein wird.

Unter den im KZ Majdanek inhaftierten Juden dominierten mit einem Anteil von fast zwei Dritteln deutlich polnische Staatsbürger. Diese Proportionen spiegelt auch der Belegstand des Lagers vom 23.

---

[18] Yehoshua Büchler, The Deportation of Slovakian Jews to the Lublin District of Poland in 1942, in: »Holocaust and Genocide Studies« Bd. 6 (1991), S. 159.

[19] Czesław Rajca schätzte die Zahl der tschechischen Juden auf 4.000, Peter Witte hingegen auf 2.000. Czesław Rajca, Die Häftlinge aus Theresienstadt im KZ Majdanek, in: Theresienstadt in der »Endlösung der Judenfrage«, Praha 1992, S. 240–244; Schelvis, Sobibór, S. 250.

[20] Nach dem Gedenkbuch. Opfer der Verfolgung der Juden unter der nationalsozialistischen Gewaltherrschaft in Deutschland 1933–1945, Koblenz 1986, Bd. 2, S. 1746, starben in Majdanek mindestens 2.039 deutsche Juden. Einige hundert österreichische Juden kamen mit Transporten aus Wien in den Distrikt Lublin in der Zeit zwischen April und Juni 1942 ins Lager.

[21] Die in einigen Publikationen angegebene Zahl von 5.000 aus Drancy deportierten Juden im Jahr 1943 wird in den Quellen nicht bestätigt. Die Mehrzahl der mit diesen Transporten gebrachten Personen wurde in Sobibór ermordet, doch wurde der Transport vom 25. März 1942 mit 1.008 Menschen nach den Erinnerungen eines Überlebenden zuerst nach Majdanek und anschließend nach Sobibór geleitet. Schelvis, Sobibór, S. 262. Siehe ebenso Juliane Wetzel, Frankreich und Belgien, in: Wolfgang Benz (Hrsg.), Die Zahl der jüdischen Opfer des Nationalsozialismus, München 1991, S. 127–128.

[22] Vgl. Anm. 17.

August 1943 genau wider, als unter 6.065 jüdischen Häftlingen 4.607 polnischer Herkunft waren. Unter den ausländischen Juden überwogen slowakische Bürger, die zu den ersten Insassen des Lagers zählten. Es sind leider keine statistischen Dokumente mit Informationen über die nationale Zusammensetzung der Jüdinnen im Lager überliefert. Fest steht, dass die Mehrzahl von ihnen aus Polen stammte, doch gab es auch deutsche, griechische, slowakische und niederländische Jüdinnen. Die Gliederung der männlichen Juden nach ihren Staatsangehörigkeiten zeigt eine Häftlingsrapportmeldung vom 23. Juli 1943. An diesem Tag werden 4.710 jüdische Häftlinge genannt, darunter 3.221 polnische, 883 slowakische, 449 griechische, 63 tschechische, 51 französische, 28 litauische, 11 deutsche, 8 niederländische sowie 5 serbische Juden.[23]

---

[23] APMM, KL Lublin, I c 2, v. 1.

III

Die Rolle des KZ Majdanek im Rahmen der nationalsozialistischen antijüdischen Politik

Die nationalsozialistische Führung sah das KZ Majdanek, wie ausgeführt, vornehmlich in der Rolle eines Arbeitskräftereservoirs und Arbeitslagers. Da sich das Lager im Wirkungskreis Odilo Globocniks befand, wurde es aber auch in dessen Politik der Verfolgung, Ausbeutung und Vernichtung der Juden eingebunden. Im Resultat erfüllte es in unterschiedlichem Maße vier grundlegende Ziele der »Aktion Reinhardt«[1] und fungierte als:

- Arbeitslager
- Arbeitskräftereservoir
- Ort für den Raub jüdischen Eigentums
- Ort der physischen Vernichtung.

Die Funktion Majdaneks als Arbeitslager für Juden umfasste zunächst den Einsatz jüdischer Häftlinge beim Aufbau des Lagers und später in den Betrieben und Magazinen der SS. Im ersten Fall handelte es sich vor allem um Zwangsarbeit von Männern aus den Transporten, welche den Distrikt im Laufe der »Aktion Reinhardt« erreichten. Der Anteil der zur Arbeit Ausgesonderten war unterschiedlich, betrug aber in der Regel um die 20 Prozent, doch gab es auch Transporte,

---

[1] Globocnik beschrieb diese wie folgt: »A) die Aussiedlung selbst [Synonym für Vernichtung – T. K.]; B) die Verwertung der Arbeitskraft; C) die Sachverwertung; D) die Einbringung verborgener Werte und Immobilien«. Zit. nach: Adalbert Rückerl, NS-Vernichtungslager im Spiegel deutscher Strafprozesse. Belzec, Sobibor, Treblinka, Chelmno, München 1978, S. 37. Vgl. auch Stanisław Piotrowski, Misja Odyla Globocnika. Sprawozdanie o wynikach finansowych zagłady Żydów w Polsce, Warszawa 1949.

aus denen mehr Häftlinge ausgewählt wurden. Es waren vorrangig Personen im Alter zwischen 15 und 55 Jahren, es geschah aber auch, dass Jungen unter dem 15. bzw. Männer über dem 60. Lebensjahr ins Lager gelangten.[2]

In den SS-Betrieben und -Gesellschaften wurden Frauen wie Männer gleichermaßen eingesetzt. Die meisten wurden auf der Bahnrampe in Lublin oder dem »Umschlagplatz« in Warschau von den Transporten ausgesondert. Wie erwähnt, wurden in einigen Fällen jüdische Häftlinge direkt aus Treblinka und Sobibór geschickt.

Aus den Häftlingen des KZ Majdanek rekrutierte sich auch ein bedeutender Teil der Juden, die in Lublin in den Sortierräumen und Magazinen arbeiteten, in denen das geraubte Vermögen der Opfer der »Aktion Reinhardt« aufbewahrt wurde. Diese Personen wurden zunächst im Lager und später an ihren Arbeitsplätzen einquartiert. Gegen Ende April 1943 arbeiteten rund 5.000 im KL Lublin registrierte Jüdinnen und Juden außerhalb des Lagers. In zeitlichen Abständen wurden sie Selektionen unterworfen, bei denen die Schwächsten nach Majdanek zurückgeschickt und dort ermordet wurden.[3]

Das zentrale Sortiermagazin der »Aktion Reinhardt« befand sich im Hangar- und Barackenkomplex der Lubliner Mechanischen Werke E. Plage und T. Laśkiewicz (*Zakłady Mechaniczne E. Plage i T. Laśkiewicz*), welche in der Vorkriegszeit Flugzeuge produzierten. Sie befanden sich in der Wrońska-Straße in der Nähe jenes Nebengleises, auf dem die Züge mit den zur Vernichtung bestimmten Juden hielten. Die Häftlingsbaracken wurden an der Straße in Richtung Chełm auf dem Gelände des ehemaligen Flugplatzes errichtet, wovon sich auch, was bereits gesagt, die deutsche Bezeichnung des Lagers ableitete. Auf dem »Flugplatz« arbeiteten einige tausend jüdische Frauen

---

[2] Vgl. Kryl, Deportationen, S. 88; Janina Kiełboń, Księga więźniów zmarłych na Majdanku w 1942 r. Analiza dokumentu, in: »Zeszyty Majdanka« Bd. XV (1993), S. 113.

[3] Siehe Archiwum Żydowskiego Instytutu Historycznego (fortan AŻIH), Berichte von Geretteten des Holocaust, Sign. 301–6260, Aussage von Ignacy Wieniarz, S. 7ff.; vgl. auch Samuel Zylbersztajn, Pamiętnik więźnia dziesięciu obozów koncentracyjnych, in: »Biuletyn ŻIH« Nr. 68 (1968), S. 53–103.

und Männer beim Entladen, Sortieren und Säubern der Kleidung und Schuhe, welche mit Transporten aus den Ghettos und den Vernichtungslagern eintrafen. Nach der Desinfektion und Reinigung wurde das geraubte Gut ins Reich verschickt. Der »Flugplatz« unterstand dem Stab Globocniks, was sich seit März 1943 auch in dessen Bezeichnung als »Altsachenverwaltungsstelle der Standortverwaltung Lublin« ausdrückte. Durch den Einsatz von Häftlingen und einem Teil der Wachmannschaften aus Majdanek blieben die beiden Lager miteinander verbunden. Gemäß einer Anweisung des Chefs des Wirtschafts-Verwaltungshauptamtes Oswald Pohl vom 22. Oktober 1943 sollte der »Flugplatz« dem KL Lublin als Außenlager untergeordnet werden. Doch wurden diese Pläne durch die Massenexekutionen der Juden am 3. November 1943 unmöglich gemacht.[4]

Es sei betont, dass Majdanek als Stammlager nicht in der Lage war, alle jüdischen Häftlinge zu sinnvollen Arbeiten einzusetzen. Im Juni 1943 arbeitete nur die Hälfte aller im Lager festgesetzten Jüdinnen und Juden, während die übrigen – im Sinne der Pläne Globocniks – eine Reserve für jene Betriebe bildeten, welche dem Konzentrationslager Lublin noch angegliedert werden sollten.[5] Im Sommer 1943 arbeiteten in Majdanek etwa 1.000 Jüdinnen und Juden in den Borsten- und Bürstenwerkstätten der Ostindustrie GmbH. Kleinere Kommandos waren auch in der Schneiderei tätig. Die meisten jüdischen Häftlinge wurden allerdings bei Bau- und Aufräumarbeiten beschäftigt oder zur Ausführung völlig sinnloser Tätigkeiten gezwungen. Eine der überlebenden jüdischen Frauen berichtet:

---

[4] Da es zur formellen Übernahme weder der Einrichtungen noch der Häftlinge des Lagerkomplexes auf dem »Flugplatz« durch die Verwaltung Majdaneks nicht kam, markiert die Anweisung Pohls keinesfalls den Zeitpunkt der Umwandlung des Lagers in ein Außenlager des KL Lublin. Siehe dazu APMM, Georg Taube, Das SS Zwangsarbeitslager am alten Flughafen Lublin, Hamburg 1973; Czesław Rajca, Podobozy Majdanka, in: »Zeszyty Majdanka« Bd. IX (1977), S. 83–103; Daniel J. Goldhagen, Hitlers willige Vollstrecker. Ganz gewöhnliche Deutsche und der Holocaust, Berlin 1996, S. 355–368.

[5] APMM, Pohl-Prozess, Bd. 12, S. 94–98, Vermerk Globocniks vom 21. Juni 1943 über den Ausbau der SS-Arbeitslager.

»Das war keine produktive Arbeit. Wir haben heute Steine von diesem Platz hierher getragen und morgen haben wir dieselben Steine von dem Platz nach dem anderen Platz getragen.«[6]

Die Rolle Majdaneks als Reservoir jüdischer Arbeitskräfte erklärt sich vorrangig aus dem Fehlen großer Rüstungsunternehmen in Lublin und der Umgebung, weswegen ein Überschuss an Arbeitskraft bestand. Folglich wurden viele Häftlinge, darunter auch jüdische, zur Arbeit in andere Lager gebracht. Im Juni und Juli 1943 wurden 9.000 Jüdinnen und Juden in Arbeitslager in den Distrikt Radom (Skarżysko-Kamienna, Radom, Bliżyn), sowie ins KZ Auschwitz verlegt. Unter den Betroffenen waren viele Personen, die einige Wochen zuvor aus dem Warschauer Ghetto abtransportiert worden waren. Noch 1944 gelangten kleine Gruppen jüdischer Häftlinge über das KZ Majdanek in andere Lager. Dank dieser Deportationen entkam ein Teil der nach Majdanek eingewiesenen Jüdinnen und Juden der Vernichtung, sodass mindestens einige hundert Menschen das Kriegsende überlebten.[7]

Die besondere Rolle Majdaneks ist auch im Hinblick auf die Ausplünderung seiner Insassen erkennbar. Ein Teil des Besitzes musste nach Berlin zum Wirtschafts-Verwaltungshauptamt verschickt werden, während geraubtes Bargeld, sowie Gold, Schmuck und Textilien in die Magazine der »Aktion Reinhardt« nach Lublin in der Chopin-Straße 27 gebracht wurden. Friedrich Ruppert, der Leiter der

---

[6] Zit. nach: Eberhard Fechner, Der Prozess. Eine Darstellung des so genannten »Majdanek-Verfahrens« gegen Angehörige des Konzentrationslagers Lublin/Majdanek in Düsseldorf von 1975 bis 1981, Bd I, S. 62.

[7] Es liegen leider keine Dokumente vor, die glaubwürdige Angaben erlauben würden. Fragmentarische Verzeichnisse von Überlebenden, darunter von ehemaligen Häftlingen Majdaneks, befinden sich in den Unterlagen des Zentralen Komitees der Polnischen Juden in Lublin (Centralny Komitet Żydów Polskich w Lublinie): APMM, Sammlung Xero- und Fotokopien, XIX-108. Das vom United State Holocaust Memorial Museum geführte Register von Holocaust-Überlebenden enthält die Nahmen von 776 ehemaligen jüdischen Häftlingen des KZ Majdanek. Es handelt sich dabei jedoch hauptsächlich um Personen, die sich nach dem Krieg in den USA niederließen. Siehe Benjamin and Vladka Meed, Registry of Jewish Holocaust Survivors, Washington 2000 (CD-ROM).

technischen Abteilung, beschrieb die zweigleisige Art der Übergabe der in Majdanek geraubten Gegenstände wie folgt:

»Die Sachen wurden zum Teil an den Inspekteur der Konzentrationslager in Oranienburg und zum Teil dem Büro des SS- und Polizeiführers Lublin übergeben. Der Effektenverwalter überwachte in verschiedenen Fällen die Überführung dieser Sachen durch Bahntransporte nach Oranienburg persönlich. Ich habe ebenfalls gehört, dass das Büro des SS- und Polizeiführers solche Sachen in Empfang genommen hat, und ich weiß genau, dass dies der Fall war, wenn es sich um Geld in Zloty Währung handelte.«[8]

Globocnik befal im Juli 1942, eine zentrale Kartei zur Erfassung der während der »Aktion Reinhardt« geraubten Habseligkeiten der Ermordeten anzulegen. Wahrscheinlich ab September 1942 wurden die den ankommenden Juden entzogenen Wertsachen und Gelder jedoch nicht mehr einzeln erfasst. In den überwiegenden Fällen wurden diese nicht wie bei anderen Häftlingen dem Depot (Effektenkammer) übergeben, sondern wurden in Kisten getan, welche die Lagerverwaltung dem Stab der »Aktion Reinhardt« bei der »Standortverwaltung der Waffen-SS« in Lublin versiegelt ablieferte. Dieser bestätigte den Erhalt mit einer Empfangsbescheinigung, auf der neben der Anzahl auch der Inhalt der Kisten (Bargeld und Wertgegenstände) notiert wurde. Die Standortverwaltung der Waffen-SS war wiederum aufgrund des Befehls des Chefs des WVHA vom 26. September 1942 verpflichtet, das Eigentum der ermordeten Juden nach Berlin an die Reichsbank und das WVHA zu senden.[9]

---

[8] Nbg. Dok. NO-1903, Affidavit Friedrich W. Rupperts vom 6. August 1945; APMM, Pohl-Prozess, Bd. 5, S. 197–198.

[9] APMM, Pohl-Prozess, Bd. 18, S. 114–116. Im Zusammenhang mit dem Raub muss darauf geachtet werden, die Verwaltung des KL Lublin von der Standortverwaltung der Waffen-SS zu unterscheiden. In einigen Arbeiten werden beide miteinander verwechselt, worauf bereits von Bertrand Perz und Thomas Sandkühler hingewiesen wurde: Auschwitz und die »Aktion Reinhardt« 1942–1945. Judenmord und Raubpraxis in neuer Sicht, »Zeitgeschichte« H. 5 (1999), S. 285. Die »Abteilung IVa Aktion Reinhard«, geleitet von Georg Wippern, hatte ihren Sitz im Gebäude der

Die letzte der erwähnten Funktionen Majdaneks, die massenhafte physische Vernichtung der Juden, wurde auf mehrere Arten betrieben. An erster Stelle müssen die sehr schlechten Lebensverhältnisse erwähnt werden, welche insbesondere 1942 innerhalb kurzer Zeit zu einer gewaltigen Häftlingssterblichkeit führten. Diejenigen, die nicht durch Krankheiten und Hunger umkamen, starben oft an Auszehrung aufgrund der mörderischen körperlichen Arbeit beim Bau des Lagers. Ein weiterer Faktor war der Terror der Aufseher, sowohl vonseiten der SS-Mannschaft, als auch von einigen Funktionshäftlingen. Halina Birenbaum, die im Mai 1943 aus dem Warschauer Ghetto nach Majdanek verschleppt wurde, berichtet:

»Jeden Morgen stürzten die Kapos bei Tagesanbruch in die Baracken und weckten uns, indem sie uns mit Brettern von den Pritschen und mit ihren Peitschen auf Kopf und Rücken schlugen, und trieben uns hinaus zum Frühappell. Alles schmerzte vom Liegen auf dem Fußboden, und wir zitterten vor Kälte, wenn wir so mehrere Stunden auf dem großen Platz vor den Baracken standen. Die erste Reihe fiel immer besonders auf und war den Knüppeln der SS-Männer und Kapos am meisten ausgesetzt. In den mittleren Reihen war es sicherer – und wärmer. Deshalb versuchte jede, sich ihren Platz in einer inneren Reihe zu sichern, man prügelte sich buchstäblich darum wie um einen Platz im Paradies.«[10]

In vielen Kommandos und Baracken war das Schlagen und unmenschliche Misshandeln von Häftlingen alltäglich. Besonders betroffen waren die Juden, welche in den NS-Konzentrationslagern zum

---

SS-Standortverwaltung auf der Dolna 3-go Maja-Straße in der Lubliner Stadtmitte. Dort befand sich der Tresor, in dem Schmuck und Geld gesammelt wurden. Gold wurde auch eingeschmolzen. Im Frühjahr 1943 organisierte man hier eine von Himmler besichtigte Ausstellung geraubter Kostbarkeiten. Alle Objekte stammten aus der »Aktion Reinhardt«. Zu diesen Arbeiten wurde eine Brigade jüdischer Häftlinge eingesetzt, die, wie erwähnt, formell Häftlinge Majdaneks waren. Am 3. November 1943 wurden die rund 30 Mitglieder dieses Kommandos nach Majdanek transportiert, wo sie während der »Aktion Erntefest« ermordet wurden.
[10] Halina Birenbaum, Die Hoffnung stirbt zuletzt, Hagen 1989, S. 84

»Freiwild« erklärt wurden. Einen ziemlich bedeutenden Anteil der Getöteten bildeten die Opfer der willkürlichen Gewalt der deutschen Kapos. Sie ermordeten – häufig völlig grundlos, oder um die Herausgabe versteckter Wertsachen zu erzwingen – die ihnen unterstellten jüdischen Häftlinge, indem sie sie mit Stöcken zu Tode prügelten, in Löschwasserbecken oder Fäkaliengruben ertränkten, oder deren Selbstmord vortäuschend in den Baracken meuchlerisch erhängten. Den Exzessen der Funktionshäftlinge waren jene Lagerinsassen besonders ausgesetzt, welche keinem Arbeitskommando zugeordnet waren. Alexander Donat berichtet:

»Während der ersten Tage gingen so viele Schläge auf meinen Kopf nieder, dass ich völlig niedergeschmettert war. Unsere Gruppe blieb wieder auf dem Feld, als die Kommandos dieses verließen. Wir marschierten und rannten von einem Ende zum anderen, von der Küche zum Springbrunnen und zurück. Am Springbrunnen amüsierte sich der *Lagerälteste* mit einem an diesem Tag ausgewählten Opfer. Er trug einen grünen Winkel, welcher besagte, dass es sich um einen gewöhnlichen Kriminellen handelte, was ihn nicht davon abhielt, stolz zu verkünden: ,*Ich bin ein Germane*' und sich den SS-Männern gegenüber zuvorkommend zu verhalten. Häufig griff er sich jemanden aufs Geratewohl heraus und warf ihn ins Becken. Wenn der Häftling auftauchte, um nach etwas Luft zu schnappen, schlug er ihn mit dem Stock und trat ihn, was ihn zum Untertauchen zwang. Die krampfartigen Zuckungen der untergetauchten Person erfüllten ihn mit unbeschreiblicher Freude. Er ermunterte die SS-Männer und sogar andere Häftlinge, an diesem Vergnügen teilzunehmen, das oft tragisch endete. Das Opfer starb an Ort und Stelle oder entkam diesen Qualen derart geschwächt, dass es an einer Lungenentzündung erkrankte und innerhalb weniger Tage starb.«[11]

---

[11] Alexander Donat, The Holocaust Kingdom: a memoir, Washington 1999, S. 156.

Nicht selten ereigneten sich während der Appelle auf den einzelnen Feldern öffentliche Hinrichtungen durch Erhängen. Dies betraf jüdische Häftlinge, welche tatsächlich oder angeblich einen Fluchtversuch unternommen hatten.[12]

Die Mehrzahl der Juden im Konzentrationslager Lublin starb jedoch durch organisierte Vernichtungsformen, bei Vergasungen und Erschießungen. Auf diese Weise entledigte man sich zunächst der Typhuskranken, später auch der in Majdanek oder anderen Lagern Entkräfteten, und schließlich der als nicht arbeitsfähig eingestuften Neuankömmlinge. In der Endphase wurden nahezu alle im Lager befindlichen Juden ermordet.[13]

---

[12] Das tragische Los der Juden in Majdanek beschreiben viele Berichte und Häftlingserinnerungen, die zum Teil im Druck erschienen. Außer den bereits genannten siehe u. a. Tadeusz Stabholz, Seven Hells, New York 1991; Joseph Schupack, Tote Jahre. Eine jüdische Leidensgeschichte, Tübingen 1984; Dionyz Lenárt, Juden aus der Slowakei, in: Tomasz Kranz (Hrsg.), Unser Schicksal – eine Mahnung für Euch... Berichte und Erinnerungen der Häftlinge von Majdanek, Lublin 1994, S. 45–91.

[13] Berenstein, Rutkowski, Żydzi w obozie, S. 3–57.

IV

Die Vernichtung in den Gaskammern

Es besteht kein Zweifel darüber, dass die Ausstattung des KZ Majdanek mit den Vernichtungsanlagen auf Globocniks Anregung zurückging, der »das Lager verschiedentlich inspizierte, und der sich besonders für die Gaskammern interessierte.«[1] Allem Anschein nach stand die Entscheidung über den Bau von Kammern zur Ermordung von Menschen direkt in Zusammenhang mit dem Befehl Himmlers vom 19. Juli 1942, in welchem er den 31. Dezember 1942 als Stichtag für die »Säuberung« des Generalgouvernements von Juden festsetzte. Zwar sollte Majdanek dieser Anordnung nach als Sammellager dienen, doch war klar, dass nur die Arbeitsfähigen, insbesondere Personen im Alter zwischen 16 und 35 Jahren, kurzzeitig von der Vernichtung ausgenommen wurden. Wurden ganze Familien deportiert, waren diejenigen Familienmitglieder, die diesen Kriterien nicht entsprachen, dem Tod geweiht.

Es gibt auch Indizien dafür, dass der seit Sommer 1942 laufende Umbau der Desinfektionskammern in Gaskammern im Zusammenhang mit der Reorganisation der Lager der »Aktion Reinhardt« geschah. Seit 1. August 1942 hatte Christian Wirth, vormals Kommandant des Vernichtungslagers Bełżec, die Funktion des Inspekteurs dieser Lager inne. Am 7. August 1942 führte Hans Kammler als Chef der Amtsgruppe C (Bauwesen) des Wirtschafts-Verwaltungshauptamtes eine Inspektion Majdaneks durch. Den Ablauf der termingerechten Fertigstellung des Lagers besprach er in einer Unterredung mit Globocnik. Einen Tag später besuchte er Bełżec und am 11. August nahm er an einer Besprechung mit Himmler teil, die sich mit der Vernichtung der Juden beschäftigte.[2] Am 17. August wurde Majdanek wiederum

---

[1] Nbg. Dok. NO-1903, Affidavit Friedrich W. Rupperts vom 6. August 1945.
[2] Rainer Fröbe, Hans Kammler. Technokrat der Vernichtung, in: Die SS: Elite

von Kurt Gerstein inspiziert, einem Experten für Desinfektion und Giftgase des Hygienischen Instituts der Waffen-SS in Berlin. In seiner nach dem Krieg geleisteten Aussage ist zu lesen, dass ihn Globocnik persönlich durch das Lager führte. Im schriftlichen Bericht erwähnte er zudem, dass er Majdanek, ebenso wie Bełżec und Treblinka, gemeinsam mit Christian Wirth visitierte, den er als deren Leiter bezeichnete. In diesem Dokument steht das KZ Majdanek nach Bełżec, Sobibór und Treblinka an vierter Stelle. Er schenkte ihm nicht viel Aufmerksamkeit, sondern notierte kurz: »Damals in Vorbereitung – Maidanek bei Lublin.«[3]

1. Die Gaskammern

Der Mechanismus der Vernichtung in den Lagern Bełżec, Sobibór und Treblinka, die direkt vom Stab der »Aktion Reinhardt« und Christian Wirth als Inspekteur der Sonderkommandos beaufsichtigt wurden, ist ziemlich gut bekannt. Über die Tötungen in den Gaskammern Majdaneks weiß man hingegen recht wenig. Selbst durch die aufwändigen Ermittlungen der deutschen Staatsanwaltschaft und den jahrelangen Gerichtsprozess in Düsseldorf (1975–1981) konnten viele wichtige Details nicht aufgeklärt werden.[4]

unter dem Totenkopf, hrsg. von Ronald Smelser und Enrico Syring, Paderborn et al. 2000, S. 310–311; Der Dienstkalender Heinrich Himmlers, S. 513. Der SS-Richter Konrad Morgen sagte in Nürnberg aus, dass ihm Christian Wirth während ihrer Treffen über vier Vernichtungslager berichtete. Er erwähnte zwar in diesem Zusammenhang nicht Majdanek, aber es ist klar, dass es sich beim vierten Lager neben Bełżec, Sobibór und Treblinka um das KZ Majdanek oder das Lager auf dem »Flugplatz« handelte, wobei letzteres keine typischen Vernichtungsfunktionen aufwies. Vgl. Trial of the Major War Criminals, Nürnberg 1947–49, Bd. XX, S. 514.

[3] APMM, Pohl-Prozess, Bd. 18, S. 72, 75. Siehe Jürgen Schäfer, Kurt Gerstein – Zeuge des Holocaust. Ein Leben zwischen Bibelkreisen und SS, Bielefeld 1999, S. 222.

[4] Czesław Rajca, Eksterminacja bezpośrednia, in: Mencel, Majdanek, S. 264–271; Adam Rutkowski, Majdanek, in: Nationalsozialistische Massentötungen durch Giftgas. Eine Dokumentation, hrsg. von Eugen Kogon et al., Frankfurt am Main 1983, S. 241–242. Am ausführlichsten behandelt Pressac das Thema der Gaskammern, dessen Arbeit zugleich der Versuch ist, die Argumente der revisionistischen Literatur

In der Fachliteratur treten viele Ungenauigkeiten auf, die korrigiert und verifiziert werden müssen. Es geht dabei um Unklarheiten bezüglich der Errichtung und der Lage der Gaskammern und vor allem um die Fragen, in welchen Kammern tatsächlich Menschen ermordet wurden, in welchem Zeitraum die Kammern in Betrieb waren und wie oft und in welchem Umfang Selektionen der Häftlinge durchgeführt wurden. In einigen Veröffentlichungen finden sich Informationen über insgesamt sieben in Majdanek errichtete Gaskammern. Diese Zahl erschien das erste Mal in der Dokumentation der polnisch-sowjetischen Kommission, welche im August 1944 die Untersuchungen zu den deutschen Verbrechen vor Ort durchführte. Aus diesen Ermittlungen geht hervor, dass sich eine Gaskammer in der Badebaracke Nr. 41, drei im benachbarten Bunker, zwei in der Baracke auf dem Zwischenfeld I sowie eine im Krematorium hinter Feld V befanden. In einem kurz darauf herausgegebenen Kommuniqué ist wiederum die Rede von insgesamt sechs Gaskammern.[5]

Manche Historiker beschreiben Kammern mit der Funktion als Tötungsstätten auf einem Streifen zwischen Feld I und II (Zwischenfeld I) im so genannten »Alten Krematorium«. Allerdings finden in den Erinnerungen der polnischen und jüdischen Häftlinge Gaskammern in diesem Lagerteil keinerlei Erwähnung.[6] Es ist sehr unwahrschein-

---

zu widerlegen, in Auschwitz und Majdanek hätten in den Gaskammern keine Vergasungen von Menschen stattgefunden (sog. Leuchter-Report). Jean-Claude Pressac, K.L. Lublin – Majdanek, in: Shelly Shapiro (Hrsg.), Truth Prevails. Demolishing Holocaust Denial: The End of »the Leuchter Report«., New York, London 1990, S. 49–58.

[5] Kommuniqué der Polnisch-Sowjetischen Ausserordentlichen Kommission zur Untersuchung der von den Deutschen im Vernichtungslager Majdanek bei der Stadt Lublin begangenen Missetaten, Moskau 1944, S. 14. Von sieben Gaskammern berichten u. a. Obozy hitlerowskie na ziemiach polskich 1939–1945. Informator encyklopedyczny, Warszawa 1979, S. 308; Encyclopedia of the Holocaust, Bd. 3, Israel Gutman, editor in chief, London 1990, S. 937–940; Encyclopedia of the Holocaust, hrsg. von Robert Rozett, Shmuel Spector, Jerusalem 2000, S. 312–313.

[6] Vgl. z. B. Tadeusz Kosibowicz, Häftlingsärzte, in: Kranz, Unser Schicksal, S. 29–43; APMM, Erinnerungen und Berichte, VII-245, Edward Karabanik, Majdanek, S. 38, 92ff. Die Gaskammern erwähnt auch der im Juni 1942 inhaftierte und auf Feld II untergebrachte slowakische Jude Rudolf Vrba (in Majdanek unter dem Namen Walter Rosenberg) nicht, der allerdings genauso wie Karabanik das Krematorium

lich, dass die auf den Feldern I und II festgehaltenen Menschen nicht wussten, dass in der Nähe ihrer Baracken massenhafte Vergasungen stattfanden. Darauf wies auch Józef Marszałek hin, der feststellte, dass »ihre Anordnung [der Gaskammern – T.K.] neben einem damals existierenden Krematorium auf dem so genannten Zwischenfeld I aufgrund der zu großen Zahl der Zeugen der Vergasungen nicht zweckdienlich war. In der Nähe des Krematoriums befand sich doch eine Wäscherei, in der zahlreiche Kommandos arbeiteten, auch mit Häftlingen von den Feldern I und II, und diese wären genaue Beobachter der verbrecherischen Aktivitäten der Lagerbesatzung gewesen.«[7]

Aus dem Archivmaterial geht zudem hervor, dass die bis heute erhaltenen Gaskammern im Krematorium auf dem Zwischenfeld I bedeutend spät, wahrscheinlich erst im Herbst 1943 als Desinfektionskammern entstanden. Darauf deutet eine Meldung vom 13. Oktober 1943 der mit der polnischen Untergrundarmee (*Armia Krajowa* – »Heimatarmee«) kooperierenden konspirativen Zelle »Zentrale Fürsorge des Untergrunds« (OPUS) hin, in der u. a. zu lesen ist:

»Die Gaskammer, die bei den Bädern war, wurde tatsächlich vor kurzem demontiert und die Apparatur abgebaut und angeblich fortgebracht, aber es sind zwei größere Kammern neben der Wäscherei in Bau, da die Entlausung der Kleidung und Wäsche auch mit Gas durchgeführt wird.«[8]

Die Rede ist hier vom »Alten Krematorium«, in welchem nach der Stilllegung der Öfen ebenso wie in dem benachbarten Schuppen die Körper der Toten gelagert und auch einzelne Morde verübt wurden. Dorthin wurden die Leichname der in den Kranken- und Wohnbaracken Gestorbenen und teilweise auch der Opfer der Gas-

---

ziemlich genau beschrieb. APMM, Erinnerungen und Berichte, VII-1020. Siehe auch den Bericht von Vrba, in: Henryk Świebocki (Hrsg.), Raporty uciekinierów z KL Auschwitz, Oświęcim 1991, S. 196–208.

[7] Józef Marszałek, Budowa obozu koncentracyjnego i ośrodka masowej zagłady na Majdanku w latach 1942–1944, in: »Zeszyty Majdanka« Bd. IV (1969), S. 54.

[8] APMM, OPUS, XII-10, S. 137.

kammern gebracht, um dann auf Lastwagen in den einige Kilometer von Lublin entfernten Wald von Krępiec transportiert zu werden.[9]

Ernste Zweifel ruft ferner die Behauptung hervor, dass auch die Kammer in der Badebaracke Nr. 41, die unmittelbar an die Duschräume grenzte und provisorische oder experimentelle Gaskammer genannt wurde, zum Töten diente. Zwei Argumente sprechen gegen die Annahme, hier seien Vergasungen durchgeführt worden. Erstens ließen sich die Holztüren zwischen Bad und Kammer von letzterer aus gesehen nur nach innen öffnen, was die Ermordung von Menschen in ihr wesentlich erschwert hätte. Das zweite Argument ist der technische Zustand der Kammer. Sie hatte einen unregelmäßigen Grundriss, grenzte an das Bad und zwei weitere Räume und verfügte somit über drei Türen.[10]

Es gibt hingegen Beweise dafür, dass diese Kammer unter Verwendung von Zyklon B zur Desinfektion von Kleidung genutzt wurde. Auf dem Plan für den Umbau der Gaskammern ist dieser Raum als »Ankleideraum« gekennzeichnet. Es handelt sich hier sicher um keinen Tarnbegriff, da die Kammern im Bunker in diesem Dokument als »best. Gaskammern« bezeichnet werden.[11] In einem Vermerk vom 10. Mai 1943 über die sanitären Verhältnisse im Lager wird festgestellt, dass »die Blausäurevergasung jetzt im Ankleideraum des Ostflügels untergebracht ist«, und an einer anderen Stelle heißt es: »Aus der bestehenden Entwesungsbaracke ist die Blausäurevergasung aus dem

---

[9] Siehe u. a. Andrzej Stanisławski, Pole śmierci, Lublin 1969, S. 51–52; Feliks Siejwa, Więzień III pola, Lublin 1964, S. 29–30; Zacheusz Pawlak, »Ich habe überlebt…« Ein Häftling berichtet über Majdanek, Hamburg 1979, S. 101, 125; APMM, Erinnerungen und Berichte, VII-245, Edward Karabanik: Majdanek, S. 92–93.

[10] Auf einer Aufnahme von 1944 ist deutlich zu sehen, dass sich die Türen von der Seite der Kammern her öffneten. Siehe auch APMM, Sammlung Xero- und Fotokopien, XIX-38, Protokoll der Ortsbegehung auf dem Gelände des Konzentrationslagers der SS in Lublin vom 2. und 3. August 1944, Bl. 129–133; APMM, Mikrofilme, XX-1730, Józef Czernik, Technische Beschreibung zur Inventarisation der Baracke mit dem Bad und den Gaskammern im KZ Lublin-Majdanek (undatiert).

[11] APMM, Sammlung Xero- und Fotokopien, XIX-42, KL Lublin. Umbau der Entwesungsanlage (undatiert) [Original in: Zentrales Staatliches Archiv der Oktoberrevolution in Moskau, Fond Nr. 1372, Darstellung Nr. 5, EDCHR Nr. 156], Bl. 32–35.

Ankleideraum des Ostflügels auszubauen, um eine größere Leistung zu erzielen. Für die Blausäurevergasung wird eine besondere Kammer unter dem Flugdach errichtet.«[12] In diesem Dokument ist die Rede von der Kammer in Baracke 41. Den Ablauf der dort vorgenommenen Desinfizierungen beschrieb Czesław Skoraczyński in seinen Erinnerungen. Er wurde als Häftling bei der, wie er es formulierte, »Vergasung« der Häftlingskleidung und Wäsche der SS-Männer eingesetzt.[13]

Jean-Claude Pressac wies darauf hin, dass zur Beantwortung der Frage, ob die so genannte »provisorische« Gaskammer in Baracke 41 zur Tötung benutzt wurde, zunächst geklärt werden müsse, ob das heute sichtbare Fenster sich schon während der Existenz des Lagers in diesem Raum befand.[14] Auf einer Fotografie aus dem Jahr 1942 ist dieses faktisch nicht sichtbar. Höchstwahrscheinlich wurde es nach dem Krieg während der ersten Renovierungsarbeiten montiert, als die Badebaracke mit dem benachbarten Bunker verbunden und beide mit einem gemeinsamen Dach versehen wurden.[15]

Nicht völlig zu klären ist die Frage, ob in Majdanek Menschen in speziell dafür umgebauten Lastwagen ermordet wurden. Dergleichen berichtete Alexander Donat, der auf dem Gelände des Lagerfuhrparks (»Fahrbereitschaft«) einen geschlossenen Lastwagen sah, der seiner Meinung nach zur Tötung von Menschen diente. Tatsache ist, dass

---

[12] Ebenda, Bl. 40–44. In diesem Schreiben wird zwar der Begriff »Blausäurevergasung« verwendet, doch war dieser Terminus häufig bei den deutschen Fachleuten im Zusammenhang mit Fragen der Desinfektion in Gebrauch. Vgl. Jürgen Kalthoff/Martin Werner, Die Händler des Zyklon B. Tesch & Stabenow. Eine Firmengeschichte zwischen Hamburg und Auschwitz, Hamburg 1998. Berücksichtigt man zudem die deutsche Praxis, in den die Vernichtung betreffenden Dokumenten Tarnbegriffe zu verwenden, erscheint es unwahrscheinlich, dass es sich hier um die Vergasung von Menschen handelt.

[13] Czesław Skoraczyński, Żywe numery, Kraków 1984, S. 93–94, 100–101. Siehe auch Konstantin Simonow, Ich sah das Vernichtungslager, Moskau 1944.

[14] Pressac, K.L. Lublin – Majdanek, S. 54.

[15] In der Beschreibung des Bades, die im Protokoll der Ortsbegehung der polnisch-sowjetischen Kommission vom 2. und 3. August 1944 enthalten ist, wird kein Fenster erwähnt. Es liegt nicht nahe, dass die Kommission ein so wichtiges Detail übersehen konnte, zumal sie annahm, dass der Raum zur Ermordung von Menschen diente.

sich ein solches Fahrzeug im Besitz des Lagers befand. In den Unterlagen des Arbeitseinsatzes wird es neben der Gaskammer und dem Bad als »Desinfektionsauto« erwähnt. Auf Informationen über eine Vergasung von 60 Jüdinnen aus Majdanek, Opfern einer Selektion zwischen Januar und Mai 1943, stößt man auch in der Anklageschrift im Prozess Hackmanns und neun anderer Lagerfunktionäre.[16]

Die Gaskammern zur Tötung von Häftlingen errichtete man in einem Steingebäude, einem Bunker, hinter der Badebaracke 41 auf der rechten Seite des Eingangs zum Häftlingslager. Der bereits genannte Friedrich Ruppert beschrieb sie als einen massiven Steinbau »von ungefähr 6×6 Metern und annähernd 2 Metern Höhe mit zwei Türen, von denen eine nur geöffnet wurde, wenn gelüftet wurde.«[17]

Die Gaskammern im Bunker entstanden auf der Grundlage entsprechend modifizierter Pläne zum Bau von Desinfektionsanlagen. Der erste Entwurf war auf August 1942 datiert. Es handelt sich um eine getreue Kopie der Pläne der Desinfektionsanlagen in den Bekleidungswerken der Waffen-SS in Dachau vom 20. Mai 1942. Sie sahen die Errichtung eines Bunkers mit zwei Kammern mit je zwei Türen sowie einem Vorbau vor, in dem die Öfen Platz finden sollten. Über allem sollte sich eine Überdachung spannen, die sich auf hölzerne Pfähle stützt.[18]

---

[16] Archiwum Instytutu Pamięci Narodowej w Warszawie (fortan AIPNwW), Urteile und Anklageakten, Sign. A.O./252, Anklageschrift gegen Hackmann und neun andere Angeschuldigte (Konzentrationslager Lublin/Majdanek), Bd. 2, S. 187–188; Donat, Holocaust Kingdom, S. 172; Skoraczyński, Żywe numery, S. 95.

[17] Nbg. Dok. NO-1903, Affidavit Friedrich W. Rupperts vom 6. August 1945.

[18] Zofia Leszczyńska gibt an, dass der Bau der Kammern für den Zeitraum vom 1. Juli bis 15. September 1942 geplant gewesen sei, Kronika obozu, S. 60. Sie beruft sich dabei auf einen Kostenvoranschlag der Zentralbauleitung. Diese Annahme ist jedoch nicht korrekt, da der Kostenvoranschlag nicht Majdanek, sondern den »Flugplatz« betrifft. Siehe Archiwum Państwowe w Lublinie (fortan APL), Zentralbauleitung, Nr. 141, Nachtrag zum Bauantrag der Pelz- und Bekleidungswerkstätte Lublin. Errichtung einer Entwesungsanlage, 5. Ausfertigung. Das Bauprojekt für die Errichtung von Desinfektionskammern in Majdanek, die in Kammern zur Ermordung von Menschen umgestaltet wurden, stammt vom 1. August 1942. Siehe ebenda, Nr. 41, KGL Lublin. Entlausungsanlagen, Bauwerk XIIA. Józef Marszałek interpretierte diese Zeichnung fälschlicherweise als Bauprojekt von Gaskammern zur Vernichtung von Menschen. Marszałek, Budowa obozu, S. 51–52.

Während der Errichtung des Bunkers, die wohl von August bis September 1942 dauerte, wurden einige Änderungen vorgenommen, was der Entscheidung geschuldet war, die Gaskammern zur Tötung von Häftlingen zu benutzen. Die Kammer im Ostteil (zur Seite des Häftlingslagers hin) wurde in zwei kleinere unterteilt, von denen eine für den Einsatz von Zyklon B und Kohlenmonoxyd eingerichtet wurde. Die zweite blieb offenbar ungenutzt, da man hier im Unterschied zur ersten Kammer keine Beleuchtung einbaute und auch nach dem Krieg keine Zyanoferratverbindungen fand, die den Einsatz von Zyklon B nachgewiesen hätten.[19] Die an beide Kammern grenzende große Gaskammer war hingegen nur für den Einsatz von Kohlenmonoxyd ausgerüstet. Alle Räume waren mit hermetisch schließenden Stahltüren mit Gucklöchern ausgestattet.

Da es keine Dokumentation zur Ausführung der Gaskammern gibt, lassen sich viele wesentliche Details nicht mehr rekonstruieren. Es ist nicht völlig klar, ob beide Kammern gleichzeitig fertig gestellt wurden. Man muss annehmen, dass sie zu unterschiedlichen Zeiten in Betrieb gingen, worauf u. a. die unterschiedliche Installationsweise der Rohre zur Kohlenmonoxydzufuhr und der Einbau von einer Öffnung zum Einschütten des Zyklon B nur in einer Kammer schließen lassen. Von Bedeutung ist zudem, dass die Kabine der SS-Männer, ein Anbau mit den stählernen Gaszylindern, über ein spezielles Fenster nur mit der kleinen Gaskammer verbunden war. Aus den Aussagen der im Bad arbeitenden deutschen Kapos geht ebenfalls hervor, dass die Gaskammern nicht zeitgleich entstanden.[20]

---

[19] Vgl. APMM, Abteilung museale Sammlungen und Konservierung, VII/16a, Expertise des Lehrstuhls für Chemie und Baumaterialtechnologie der Technischen Hochschule Warschau zur Bestimmung der Einflussfaktoren bei der Korrosion der Mauern in den Gaskammern im Museum Majdanek sowie zur Bestimmung von Sicherungsverfahren, 26.05.1961.

[20] Yad Vashem Archiv (fortan YVA), Tr.-10/1172, Landgericht Düsseldorf, Urteil gegen Hackmann u. a., XVII 1/75 S, Bd. I, S. 102. Józef Marszałek, der die Frage des Lagerbaus in Majdanek sehr detailliert untersuchte, nimmt an, dass der Bau der Gaskammern wahrscheinlich im September oder Oktober 1942 beendet wurde. Marszałek, Budowa obozu, S. 51.

Der Bunker mit den Gaskammern maß 10,7×8,8×2,4 m. Er war von Stacheldraht und einem Holzzaun umgeben. Auf der südlichen Seite des Zauns befand sich ein Tor von einer Breite eines durchfahrenden Lastwagens. Der Ausgang aus der Frauenbadebaracke (Nr. 42) und die Türen beider Gaskammern im Bunker waren durch ein 1,5 m breites Podest verbunden. Den Bunker verdeckte eine Überdachung (60×18 m) auf hölzernen, in Betonsockel eingelassenen Pfählen. Sie wurde, wie erwähnt, als Teil der Desinfektionsanlage geplant und sollte die unter freiem Himmel abgelegte desinfizierte Wäsche vor Regen schützen. Sie hatte aber auch eine Tarnfunktion, da sie zusammen mit der Einzäunung den Bunker wirksam verdeckte. Der Bunker war nicht wie im heutigen Zustand über Holzwände mit der Männerbadebaracke (Nr. 41) verbunden. Diese wurden während der Renovierungs- und Konservierungsarbeiten in der Nachkriegszeit eingebaut.[21]

Der SS-Sanitäter August Reinarzt beschrieb die Tötungsanlagen in Majdanek in einer seiner Aussagen folgendermaßen:

»Vor dem Bad, rechts war ein bunkerähnliches Gebäude eingezäunt. Das Gebäude war circa 8×10 m groß. Im August/September 1943 war ich mit Benden (ein deutscher Funktionshäftling – T.K.) mal drin. Vorne, wenn man rein kam, war ein Vorraum mit einer Apparatur und einem Guckloch. An der Apparatur waren Anschlüsse für Flaschen angebracht, d. h. Rohre mit Muffen dran, womit man etwas anschließen konnte. Benden sagte, da wurden Flaschen angeschlossen. Mit dem Inhalt dieser Flaschen sollen nach Benden die Menschen getötet worden sein. In der eigentlichen Gaskammer war ich nicht drin. Ich habe nur durch ein Guckloch hereingesehen. Rohre oder ähnliches habe ich in diesem Raum nicht gesehen. Da es in dem Raum dunkel war, habe ich überhaupt keine Einzelheiten darin wahrgenommen. Der Zaun um das Gebäude war zu dieser Zeit schon demontiert. Frü-

---

[21] Die Überdachung des Bunkers mit den Kammern wurde während des Bestehens des Lagers nicht abgetragen. 1946 wurde sie zweimalig durch Unwetter beschädigt. Ihre Wiederherstellung war für das Jahr 1959 vorgesehen, als die Gaskammern gründlich renoviert wurden. Das Vorhaben wurde allerdings nicht umgesetzt.

her sollte das *Rosengarten* geheißen haben. Als ich da war, standen nur noch die Eckpfähle.«[22]

2. Die Selektionen

Der Vernichtung durch den Einsatz von Gas fielen jene Juden zum Opfer, die bei der Ankunft eines Transports im Lager als arbeitsunfähig eingestuft wurden, sowie kranke und ausgezehrte Häftlinge. SS-Funktionäre wählten bei den Selektionen, die mit unterschiedlicher Häufigkeit im Lagerspital (»Revier«) und während besonderer Appelle durchgeführt wurden, die zu tötenden Häftlinge aus. 1942 kamen vor allem Juden ins Lager, die bereits in Lublin auf der Bahnrampe auf dem »Flugplatz« bzw. in Warschau auf dem Umschlagplatz einer Selektion unterworfen wurden. Deshalb fanden zu dieser Zeit Selektionen beim Lagereintritt eher sporadisch statt. Erst ab Frühjahr 1943 fanden sie regelmäßig statt. Ihre ersten Opfer waren Juden aus dem Warschauer Ghetto.

Über die Selektionen der im Herbst und Winter 1942 ankommenden Häftlinge weiß man nicht viel. Die erste bekannte Selektion fand am 9. November 1942 statt, am Tag der endgültigen Liquidierung des Ghettos in Majdan Tatarski. Dabei wurden rund 3.000 Personen ins Lager getrieben. Die Kinder, aber auch ein Teil der Männer und Frauen, wurden in der Gaskammer ermordet und ihre Leichname im Wald bei Krępiec verbrannt. Im November wurden auf diese Weise wahrscheinlich auch jüdische Familien aus dem Ghetto Międzyrzec Podlaski auseinander gerissen. Die spärlichen Zeugenaussagen beschreiben, dass in dieser Zeit auch jüdische Kinder aus verschiedenen

---

[22] Hauptstaatsarchiv Düsseldorf (fortan HStAD), Ger. Rep. 432, Nr. 288, Bl. 43. Reinartz wurde erstmalig im Jahr 1946 vernommen. Er sagte u. a. aus: »Die Menschen wurden nur in einer Gaskammer massenhaft getötet, die sich im gemauerten Gebäude bei dem Bad befand. In den anderen Kammern wurden nur Desinfektionen durchgeführt, und im dunklen Raum in der Baracke, die sich zwischen Feld I und II befand, war der Trockenraum.« APMM, Abschriften von Prozessakten, XX-13, S. 3.

Orten der Lubliner Region herbeigeschafft und ermordet wurden. Es könnte sich dabei allerdings auch um direkt zur Vernichtung vorgesehene Transporte handeln.[23]

1943 fanden die Selektionen vor allem im so genannten »Rosengarten« statt. Dies war ein kleiner rechteckiger, mit Stacheldraht eingezäunter Selektionsplatz, der an die Badebaracke Nr. 42 angrenzte. Das Schicksal der hier zusammengepferchten Menschen schildert der polnische Häftling Jerzy Kwiatkowski:

»Dort wurden unter freiem Himmel alle bis zum Morgen festgehalten und morgens begann die Aufnahme des Transports. Vor allem wurden die Männer von den Frauen und Kindern getrennt. Die Koffer und Bündel nahmen ihnen die Deutschen vor dem Eintritt ins Bad ab, dort befahlen sie ihnen, sich auszuziehen und die Haare zu scheren. Danach nahm eine spezielle Kommission die Begutachtung vor, befahl den Mund zu öffnen und hob die Arme hoch, um zu prüfen, ob niemand versuchte Schmuck zu schmuggeln. Diese Kommission teilte die Häftlinge auf. Die gesunden und jungen wurden in das eine Bad geführt, ältere, kranke und minderjährige (außer den Müttern) Personen in das zweite.«[24]

Die nach Majdanek deportierten Juden wurden auch auf dem »Kohlenfeld« im Zwischenfeld II (zwischen Häftlingsfeld IV und V) festgehalten und selektiert. So geschah es Ende April und Mitte Mai 1943, als Massentransporte aus dem Warschauer Ghetto eintrafen. Darunter waren zahlreiche Großfamilien, denen es bis dahin gelungen war, den Deportationen ins Vernichtungslager Treblinka zu entgehen und die

---

[23] Berenstein, Rutkowski, Żydzi w obozie, S. 13. Siehe APMM, Erinnerungen und Berichte, VII-643, Symcha Turkieltaub, S. 142–143; VII-1259, Julia Celińska, S. 15–16. Ein Angehöriger des SS-Lagerpersonals sagte am 12. August 1944 aus, dass im Oktober 1942 350 Frauen und Kinder vergast wurden, APMM, Fotokopien, XIX-38, Aussage Heinz Stolps, Bl. 71–82. Der österreichische Häftling Tomaszek berichtete im Jahr 1944 hingegen, dass im November 1942 600 deutsche Juden, unter ihnen Kinder, nach Majdanek gebracht und vergast wurden. Prawda o Majdanku, Lublin 1944, S. 38–39.
[24] Kwiatkowski, 485 dni, S. 110. Siehe auch Siejwa, Więzień, S. 67–68.

sich während des Ghettoaufstandes in Schutzräumen und Bunkern versteckt hielten. Es kam vor, dass die auf Zwischenfeld II versammelten Häftlinge dort ihre Nächsten und Verwandten wieder sahen, von denen sie in Warschau getrennt wurden. Unter solchen Umständen traf auch Adam Frydman seine Schwester und einige Verwandte wieder. Er war zusammen mit seinem Vater und Bruder nach einem kurzen Aufenthalt in Treblinka nach Majdanek deportiert worden.[25] Bevor die Prozedur der Aufnahme ins Lager begann, kampierten die zusammengepferchten Neuankömmlinge auf dem Zwischenfeld Tag und Nacht unter freiem Himmel. Für die meisten Familien waren dies die letzten gemeinsam verbrachten Stunden. Natan Żelechower berichtet:

»Die Nacht verbrachten wir auf dem Platz, saßen niedergedrückt vom ersten Eindruck des Konzentrationslagers. Die Hoffnungslosigkeit der Situation nahm uns jedwede Lust an Gesprächen und vertrieb den Schlaf. Diese Nacht, voll der schlimmsten Vorahnungen, war die schwerste Nacht seit der Abfahrt aus Warschau. An allen nagte das schlechte Gewissen, dass man sich besser im Ghetto versteckt hätte oder sich hätte töten lassen sollen, als sich auf diesen Leidensweg treiben zu lassen, der so oder so tragisch enden musste. Man entledigte sich seines Geldes, indem man die bisher so gewissenhaft verborgenen Geldscheine zerriss. Wertsachen wurden in der Erde vergraben oder unter Kohlenhaufen versteckt, die sich neben unserem Lagerplatz befanden.«[26]

Die Selektionen jüdischer Häftlinge trugen nicht immer einen gleich radikalen Charakter. Es wurden vor allem Kinder sowie ältere, kranke oder ausgezehrte Frauen mit sichtbaren Wunden am Körper selektiert, während die meisten Männer und jungen Frauen zur Arbeit vorgesehen waren.

---

[25] Adam Frydman, Majdanek. Recollections of an inmate No 14704 of his 7 weeks in the Majdanek extermination camp (Typoskript).

[26] Natan Żelechower, Spychani na dno, in: Czesław Rajca/Anna Wiśniewska (Hrsg.), Przeżyli Majdanek. Wspomnienia byłych więźniów obozu koncentracyjnego na Majdanku, Lublin 1980, S. 224.

Die Gefahr der Selektion war mit der Aufnahme ins Lager jedoch nicht vorbei. Auch die Häftlinge im Lager wurden Selektionen für die Gaskammer unterzogen. Etwa ab Mitte 1942 sortierten die SS-Männer aus dem Lagerspital kranke Häftlinge aus, für welche »keine Aussicht auf Besserung bestand.«[27] Bis zum Spätsommer 1942 wurden diese erschossen und später vergast. Im Dezember wurde aufgrund einer Typhusepidemie die Desinfektion der Baracken auf Feld I veranlasst und die jüdischen Häftlinge auf Feld III gebracht. Jack Schwartz, ein Häftling aus der Slowakei, berichtet:

»Das Wetter war entsetzlich. Schnee, vereist, kalter Wind. Die Baracken, in die man uns hineintrieb, waren verlaust, voll von Nissen und mehr als dreimal überfüllt. Es gab praktisch keinen Platz zum Schlafen. Keiner konnte seine Augen zumachen, die Läuse fraßen uns. Als es dämmerte, wurden wir, ausgezehrt, starr vor Kälte und nass hinausgetrieben in das strenge Wetter. Der Geruch von verbranntem Fleisch stieg uns in die Nasen. Zitternd standen wir angetreten zum Morgenappell, der außergewöhnlich lang dauerte, bis gegen Mittag. Wir waren einmal in die Selektion geraten. Eine Gruppe von gut uniformierten SS-Leuten mit blutdurstigen, wütenden Hunden erschien, in einer Hand die Leine, in der anderen die Peitsche. Sie befahlen uns, die Kleider auszuziehen und nackt und einzeln an ihnen vorbeizulaufen. Wer durch den Schnee hinkte oder einen Körperschaden hatte, wurde direkt zur Gaskammer geschickt. Diejenigen, die überlebten, durften ihre Kleider wieder anziehen und noch eine Zeitlang leben. Wir kamen durch, während Tausende umkamen.«[28]

1943 wurden die Selektionen mit unterschiedlicher Intensität fortgesetzt. Ungefähr bis Mai fielen ihnen auch männliche nichtjüdische

---

[27] Nbg. Dok. NO-1903, Affidavit Friedrich W. Rupperts vom 6. August 1945; Dieter Ambach/Thomas Köhler, Lublin-Majdanek. Das Konzentrations- und Vernichtungslager im Spiegel von Zeugenaussagen, Düsseldorf 2003, S. 174ff.
[28] Zit. nach: Günther Schwarberg, Der Juwelier von Majdanek. Geschichte eines Konzentrationslagers, Göttingen 1981, S. 77.

Häftlinge zum Opfer, hauptsächlich Polen. In gewissen Abständen inspizierten Selektionskommissionen die Arbeitsfähigkeit der Häftlinge. Um schnell die Schwächsten zu finden, wurden in der Regel »Wettläufe« veranstaltet. Diejenigen, die nicht in der Lage waren zu laufen oder das »Ziel« als Letzte erreichten, wurden in den Gastod geschickt. Häufig wurden auch im Lagerspital Kranke selektiert. Alle zwei Wochen verurteilten SS-Ärzte einen Teil der Gefangenen aufgrund ihres Aussehens oder der Krankenkarten zum Tod. Diese Menschen gelangten in abgesonderte Baracken, die so genannten »Gammelblocks«. Auf Feld III erfüllten Baracke 15 und später Baracke 19 diese Funktion. In den »Gammelblocks« starb ein Teil der Häftlinge an Auszehrung, andere wurden von den deutschen Funktionshäftlingen ermordet, die Verbliebenen wurden am Ende der Woche auf Lastwagen geladen und zu den Gaskammern transportiert.[29]

Bis zum Frühjahr 1943 wurden die Frauen in Majdanek prinzipiell keinen Selektionen unterzogen. Solche begannen erst mit den Massendeportationen aus den Ghettos und betrafen ausschließlich Jüdinnen. Die Selektionen wurden oft während der Morgenappelle sonntags durchgeführt, meistens durch die SS-Ärzte Max Blancke und Heinrich Rindfleisch. Sie wählten vor allem Frauen mit kranken Beinen aus. Rywka Rybak, die aus Międzyrzec Podlaski nach Majdanek deportiert wurde, schildert:

»Sie begannen Menschen auszusortieren. Das heißt Menschen, die für die Gaskammern bestimmt waren. Einige Mädchen waren krank, weil sie nichts aßen. [...] Viele Menschen hatten Wunden an den Beinen, mit so etwas konnte man nicht überleben. Jeden Tag brachten sie uns an einen Ort, an dem alle stehen mussten und gezählt wurden. Es kam ein Arzt und schaute sich die Füße an. Diejenigen, die Wunden hatten, wurden für die Gaskammern ausgewählt. Es wurde immer schlimmer, sie machten immer mehr Selektionen, brachten uns ins Bad und befahlen uns, sich auszuziehen. Dort gab es vier Mörder in

---

[29] Marszałek, Majdanek, S. 137–141.

deutschen Uniformen und man zeigte uns die Richtung, in der wir gehen sollten.«[30]

Es kam auch vor, dass die Aufseherinnen tagsüber die Nummern der weiblichen Häftlinge notierten, die krank oder besonders abgemagert aussahen. Sie wurden abends in die Gaskammer geführt.[31]

Obwohl die Opfer der Selektionen bei der Ankunft im Lager hauptsächlich Kleinkinder waren, wurden sie in einigen Fällen nicht sofort ermordet, sondern für einige Zeit in das Lager geschickt. Dies war im Mai 1943 der Fall, als nach dem Eintreffen eines Transports aus dem Warschauer Ghetto ca. 300 Kinder auf Feld V in einer mit Stacheldraht eingezäunten Baracke untergebracht wurden. Bei ihnen waren einige Frauen, meist deren Mütter. Die Baracke gab ein erschütterndes Bild ab. Es gab in ihr keine Pritschen, Frauen mit kleinen Kindern schliefen auf dem schmutzigen Boden. Die Bewohner durften die Baracke nicht verlassen und mussten folglich ihre natürlichen Bedürfnisse im Inneren verrichten. Es gab keine Möglichkeit die Säuglinge zu wickeln, so dass sie nach kurzer Zeit mit Kot verschmiert waren.[32]

Der Aufenthalt der Kinder im Lager wurde von den Häftlingen als Hoffnungsschimmer für das Überleben interpretiert. Unter den Juden kursierten sogar Gerüchte, Majdanek werde in ein Arbeitslager umfunktioniert.[33] Leider hatte die Lagerverwaltung andere Prämissen. Der bereits erwähnte Jerzy Kwiatkowski beschrieb diese wie folgt:

---

[30] Rywka Rybak, A Survivor of the Holocaust, Washington 1993, S. 26–27. Siehe auch APMM, Ermittlungs- und Prozessakten, XX-26, Prozessakten Elsa Ehrichs, Zeugenvernehmungsprotokoll von Aglaida Brudkowska, Bl. 149–150.

[31] Murawska, Kobiety w obozie, S. 156. Siehe auch Stefania Błońska, Pół wieku i parę dni, in: Jesteśmy świadkami. Wspomnienia byłych więźniów Majdanka, Ausw. u. Einl. Czesław Rajca et al., Lublin 1969, S. 228–242.

[32] Barbara Schwindt, Dzieci żydowskie w obozie koncentracyjnym na Majdanku w 1943 r., in: »Zeszyty Majdanka« Bd. XXII (2003), S. 64–67. Einigen Zeugen zufolge waren die Kinder nicht nur in einer, sondern in zwei Baracken untergebracht. Ähnliche Unstimmigkeiten gibt es auch über die Anzahl der Kinder. Da sich diese Angaben auf unterschiedliche Zeiträume beziehen, kann sich die Zahl der »Kinderbaracken« mit der Größe der Transporte verändert haben.

[33] Donat, Holocaust Kingdom, S. 170.

»In der Gaskammer konnte man täglich nur eine relativ kleine Anzahl von Menschen vernichten. Florstedt befahl deshalb, die Häftlinge nach dem Bad auf das Feld zurückzuschicken. Aller paar Tage, in dem Maße, wie die Gaskammer arbeitete, wurden weitere Selektionen durchgeführt. In erster Linie gingen Kinder unter 12 Jahren, die bei den Müttern auf Feld V gelassen worden waren. Wenn die Mutter das Kind nicht gehen lassen wollte, konnte sie den gemeinsamen Tod wählen.«[34]

Nachdem die Kinder einige Tage auf Feld V verbracht haben, wurden sie zusammen mit den Frauen auf Lastwagen geladen, abtransportiert und in den Gaskammern ermordet.

»Die in den Tod fahrenden Kinder schauten sich in der Menge der das Auto umgebenden Frauen um, suchten ihre Mütter, leicht weinend, als ob sie sich über deren mütterliche Hysterie wunderten. Hinter dem Tor verschwanden die Autos und die struppigen Köpfchen und Schleifen, und nach ein paar Stunden verschlang der Scheiterhaufen auf dem sechsten Feld kleine, starre Körperchen, gelblich vom Gas.«[35]

Den Quellen zufolge fanden zwischen Mai und August 1943 drei dieser Aktionen statt. Bei der ersten waren Kinder aus dem Warschauer Ghetto die Opfer, bei den zwei nächsten waren es Kinder aus den Ghettos in Rejowiec und Białystok.[36]

---

[34] Jerzy Kwiatkowski, Oskarżam, in: Jesteśmy świadkami, S. 410ff.

[35] APMM, Erinnerungen und Berichte, VII-234, Maria Bielicka-Szczepańska, Zeugenvernehmungsprotokoll, S. 5.

[36] AYV, Tr.-10/1172, Landgericht Düsseldorf, Urteil gegen Hackmann u. a., XVII 1/75 S, Bd. II, S. 403–456. Die Selektionen jüdischer Kinder, die in den sog. »Kinderbaracken« auf Feld V festgehalten wurden, werden ziemlich ausführlich in den Memoiren ehemaliger weiblicher Gefangener beschrieben, siehe u. a. My z Majdanka. Wspomnienia byłych więźniarek, hrsg. von Krystyna Tarasiewicz, Lublin 1988; APMM, Erinnerungen und Berichte, VII-376, Hanna Mierzejewska, Zeugenvernehmungsprotokoll, S. 2–3. Die SS-Aufseherinnen sagten den Frauen, dass die Kinder in ein anderes Lager oder gar, wie einige behaupteten, in einen Kindergarten kamen. Nichtsdestotrotz war die Ermordung der Kinder in den Gaskammern für die Mitglieder der Mannschaft kein besonderes Geheimnis, zumal der Lagerkommandant dies nicht vor ihnen verschwieg. Fechner, Prozess, Bd. 2, S. 93.

Folgt man den Erinnerungen überlebender Lagerinsassen, lassen sich für das Jahr 1943 die größten Selektionen an Frauen und Kindern auf die zweite Maihälfte und die ersten Junitage datieren.[37] Zahlreiche Selektionen von Frauen fanden auch im August statt. Anna-Jadwiga Niedek berichtet, dass sie von Juni bis August auf Feld V einige Dutzend Selektionen für die Gaskammer beobachtete. Sie fanden in dieser Zeit nahezu täglich statt. Wanda Ossowska erinnert sich hingegen, dass sich die Selektionen von Juden unregelmäßig und in unterschiedlichem Ausmaß ereigneten, was von der Menge der eintreffenden Transporte abhing.[38] Die Häftlingsberichte weisen daher hohe Abweichungen auf. Es kam auch vor, dass die weiblichen Gefangenen nur den Moment des Verladens einer Gruppe von Jüdinnen auf Lastwagen beobachteten. In einigen Fällen wurden diese nicht in die Gaskammern, sondern in andere Lager gebracht.[39]

3. Die Vergasungen

Über den Ablauf der Tötungen mit Gas in Majdanek ist nicht viel bekannt, sowohl in technischer als auch organisatorischer Hinsicht. Die wenigen Quellen erwähnen den Gebrauch zweier Substanzen zum Töten: Kohlenmonoxyd (CO), das in gasförmigem Zustand in Stahlflaschen geliefert wurde, sowie das in Büchsen aufbewahrte Zyklon B, das aus gekörntem, mit Zyanwasserstoff (Blausäure, HCN) angereicherten Kieselgur bestand.

Ein Mitglied der SS-Lagermannschaft war Zeuge eines Gesprächs zwischen SS-Unteroffizieren, die überlegten, »auf welche Art und

---

[37] Siehe u. a. Danuta Brzosko-Mędryk, Niebo bez ptaków, Warszawa 1968, S. 174: »Die Selektionen dauern aber an und man kann keinen davor schützen. Auf Mai und Juni fällt ihre höchste Intensität. Eine, zwei pro Woche verschlingen das Leben von dreihundert, vierhundert Jüdinnen.«

[38] APMM, Erinnerungen und Berichte, VII-382, Anna-Jadwiga Niedek, Zeugenvernehmungsprotokoll, S. 3; VII-327, Wanda Ossowska, Zeugenvernehmungsprotokoll, S. 3.

[39] Vgl. Sara Lew, From Biaslystok [richtig: Białystok – T.K.] to Brooklyn: a survivor's memoir, Austin 2005.

Weise man Gas am besten in die Gaskammer brachte, ob durch Einwerfen oder Einsprühen.«[40] Höchstwahrscheinlich wurde in den Gaskammern im Jahr 1942 ausschließlich Kohlenmonoxyd angewendet, das auch später vorwiegend zum Einsatz kam.[41]

Ungleich schwerer ist es, den Beginn der Massentötungen in den Gaskammern zu datieren. Den Erinnerungen einiger Zeugen zufolge begannen sie Mitte 1942. Am wahrscheinlichsten ist jedoch, dass die ersten Exekutionen mit Gas erst im September 1942, nach der Fertigstellung des Bunkers mit den Gaskammern, stattfanden. Abgesehen von den Informationen aus den Berichten Kurt Gersteins, deutet darauf die Aussage eines deutschen Häftlings hin, der zu dieser Zeit in der Badebaracke arbeitete. Außerdem gibt es einige Berichte von Häftlingen darüber, dass bis zur Monatswende von August zu September die Kranken aus dem Revier in Krępiec erschossen wurden.[42]

Die Zahl der Tötungen durch Gas stieg im Oktober und November 1942 an, als die Transporte aus den aufgelösten Ghettos im Kreis Lublin in Majdanek eintrafen. Ein Teil der Opfer wurde ermordet, ohne dass er in der Lagerkartei registriert wurde. Ab Herbst 1942

---

[40] Bundesarchiv Außenstelle Ludwigsburg (fortan BAL), Barch, B162/407 AR-Z 297/60, Erhard Taubert, Zeugenvernehmungsprotokoll, Bd. 26, Bl. 5353.

[41] Davon zeugen beispielsweise unmittelbar die Aussagen des SS-Sanitäters August Reinartz über die Vernichtung in den Gaskammern. Er sagte eindeutig aus, dass zum Ersticken von Menschen die Kammer mit einer Kapazität von 240–250 Menschen diente. Es handelte sich also um die große Kammer, welche keine Öffnung zum Einschütten von Zyklon B hatte. Der Kapo Otto Rejder benutzte wiederum Formulierungen wie »der Gas einleitende Apparat« oder »das Kohlenstoffgas einschalten«. APMM, Abschriften von Prozessakten, XX-13, Untersuchungsprotokoll vom 22. Oktober 1945, S. 3; Untersuchungsprotokoll vom 23. Oktober 1945, S. 3. In einer der bereits erwähnten Meldungen von »OPUS« wurde berichtet, dass die Gaskammer demontiert und die Apparatur entfernt wurde. Auch in anderen Zeugenberichten über den Stopp der Vergasungen ist die Rede vom Ausbau der Ausstattung der Gaskammer. Siehe APMM, Mikrofilme, XX-2129, Bericht Stanisław Olszański, S. V. In beiden Fällen handelte es sich vermutlich um die Demontage der Kohlenmonoxyd-Stahlflaschen, die sich bei der Befreiung des Lagers nicht mehr in der an die Gaskammer angrenzenden Kabine befanden.

[42] BAL, Barch, B162/407 AR-Z 297/60, Ernst Fischer, Zeugenvernehmungsprotokoll, Bd. 24, Bl. 4997–5003, Georg Gröner, Zeugenvernehmungsprotokoll, Bd. 11, Bl. 1863.

wurden zudem Juden aus dem Arbeitslager in der Lipowa-Straße und Jüdinnen aus dem Arbeitslager auf dem »Flugplatz« in Majdanek hingerichtet.[43]

Wie erwähnt, wurden in den Gaskammern in den ersten Monaten des Jahres 1943 hauptsächlich Kranke und ab dem Frühjahr auch nach der Ankunft selektierte Juden getötet. Ende August vergaste man einige Dutzend Mitglieder des »Sonderkommandos« des KZ Auschwitz. Die Vergasungen führte man vermutlich bis in die ersten Septembertage 1943 durch, als im Zuge der Verlegung der Frauen von Feld V auf Feld I ein Teil der kranken Juden aus dem Männerrevier sowie rund 300 Kinder unter sechs Jahren aus dem Ghetto in Białystok vergast wurden.[44] Ungefähr in diesem Zeitraum wurde die Vernichtung durch Giftgas eingestellt, was eine Meldung der Widerstandsbewegung im Lager beweist. Im Rapport vom 16. Oktober 1943 stellte man fest, dass »die Liquidierung der Juden nicht stattfindet, da seit sechs Wochen keine Auslese von Juden zur Vergasung mehr erfolgte.«[45]

Der SS- und Polizeiführer Jakob Sporrenberg, der das Konzentrationslager Lublin nach der Versetzung Globocniks nach Triest im September 1943 inspizierte, berichtete nach dem Krieg von der gemeinsamen Besichtigung der Desinfektionskammern mit dem Lagerkommandanten Florstedt und dessen Behauptung, die Kammern würden irrtümlich als Gaskammern betrachtet. Sporrenberg wusste

---

[43] Auf diese Weise verlor Henia Korcz ihre Mutter. Ihre gesamte Familie wurde im Oktober 1942 aus dem Warschauer Ghetto nach Lublin gebracht. Gleich nach der Ankunft in Majdanek kamen ihr Vater und Bruder ins Lager in der Lipowa-Straße, sie selbst mit der Mutter jedoch auf den »Flugplatz«. Zwei Monate darauf wurde die Mutter nach Majdanek gebracht und dort getötet. Solche Selektionen fanden sehr häufig statt, vorwiegend nachts. APMM, Erinnerungen und Berichte, VII-1276, Henia Korcz. Siehe auch VII-1259, Julia Celińska, Aussage, S. 28.

[44] APMM, Ermittlungs- und Prozessakten, XX-26, Prozessakten Elsa Ehrichs, Bl. 131–133. Siehe auch Schwindt, Dzieci żydowskie, S. 74–75.

[45] APMM, OPUS, XII-9, Bericht über die Häftlinge in Majdanek im Zeitraum August bis April 1944, S. 17. Die für die Gaskammern verantwortlichen SS-Sanitäter reisten bereits früher von Majdanek ab. Anton Endres wurde am 1. August 1943 nach Dachau versetzt, Hans Perschon am 1. September 1943 ins KL Warschau.

aber, dass in den Gaskammern Majdaneks Massentötungen stattgefunden hatten.[46]

Unstrittig ist unterdessen, dass die Gaskammern nach der Exekution vom 3. November 1943 nicht mehr zur Tötung von Menschen dienten und die an den Duschraum in Baracke 41 angrenzende Kammer im Westteil des Bunkers zur Desinfektion von Decken und Kleidung genutzt wurde.[47] Dabei kam auch Zyklon B zum Einsatz. Zunächst wurde die Gaskammer mit warmer Luft geheizt und nach Beendigung der Desinfektion mit Hilfe von Ventilatoren durch das Dach entlüftet. Diese Prozedur beschrieb der bereits genannte Czesław Skoraczyński. Ein Zeuge des Vorgangs war ebenso Henryk Nieścior:

»Nach ein paar Tagen teilten sie mich dem Kommando zur Desinfizierung der Kleider zu, die den Juden gehört hatten. In diesem Kommando arbeiteten 16 Personen. Die Kleider der ermordeten Juden brachten sie von Feld V in die Gaskammer, die neben dem Bad war, genau dort, wo die Deutschen mit Zyklon Menschen vergifteten. Wir hängten die Kleider auf Bügel, aber nicht alle, sondern nur die Sachen in gutem Zustand und in guter Qualität. Nach dem Aufhängen bereiteten wir die Tür der Gaskammer zum Schließen vor und einer von uns erhielt eine Büchse mit Zyklon, stellte sie auf den Fußboden und setzte darauf ein Stahlrohr von 6–8 cm Durchmesser. Ein zweiter nahm einen ziemlich schweren Hammer zur Hand und schlug das Rohr in die Büchse, so dass eine Öffnung entstand – dann musste man die Büchse schnell in die Hand nehmen, mit einem Mal den ganzen Inhalt ausschütten und sofort weglaufen, da ein paar Sekunden länger zu warten den Tod bedeuten konnte.«[48]

---

[46] The National Archives, Kew, WO 208/4673, Report on the interrogation of PW LD 1136 SS Gruppenführer Jakob Sporrenberg, S. 11.

[47] Vgl. AYV, Tr.-10/1172, Landgericht Düsseldorf, Urteil gegen Hackmann u. a., XVII 1/75 S, Bd. I, S. 103.

[48] APMM, Erinnerungen und Berichte, VII-131, Henryk Nieścior, S. 11ff. Die unangenehmen Folgen des Kontakts mit der desinfizierten Kleidung beschreibt in seinen Erinnerungen Jan Michalak, Nr 3277 miał szesnaście lat, Lublin 1979, S. 226–227. Siehe ebenso Mieczysław Panz, Prawo pięści, Warszawa 1977, S. 177.

Nähere Auskünfte über die Vernichtung in den Gaskammern geben, abgesehen von den Memoiren, nur wenige Aussagen von Häftlingen und Angehörigen des SS-Lagerpersonals. Dieser Mangel an Quellenmaterial ist auch der Tatsache verschuldet, dass die in den Gaskammern arbeitenden jüdischen Gefangenen am 21. September 1943, kurz nach Ende der Vergasungen, ermordet wurden.[49] Die Mitglieder der SS-Mannschaft, die vor der deutschen Staatsanwaltschaft aussagten, wussten entweder nicht viel über die Vernichtung in den Gaskammern, oder wollten darüber nicht sprechen. Eindeutige Berichte, wie die Aussage eines SS-Manns, der einige Meter vom Bunker mit den Gaskammern entfernt in den Magazinen für das Häftlingseigentum arbeitete, haben Seltenheitswert:

»Ich habe häufig vor der Effektenkammer stehend beobachtet, wie die Häftlinge in die Badebaracke geführt wurden. Auf dem Dach der Badebaracke war eine kaminartige Öffnung. Ein Sanitäter kam mit einer Leiter, stellte sie an die Baracke, kletterte auf das Dach. Aus einer Dose schüttete er dann etwas in den Kamin. Später habe ich dann beobachtet, wie die nackten Leichname aus der Baracke auf einen hölzernen Wagen geladen wurden. Dieser Wagen wurde von Häftlingen in Richtung Krematorium gezogen. Nachdem der Sanitäter etwas in den Kamin hineingeschüttet hatte, hörte ich einige wenige Minuten Geschrei und Jammern, wie von Menschen, die in Todesangst waren. Dann war es still.«[50]

---

[49] Nach den Informationen der Untergrundbewegung wurden an diesem Tag 23 der im Bad und Krematorium eingesetzten Personen ermordet. Vgl. APMM, OPUS, XII-9, S. 16. Es ist dennoch nicht ausgeschlossen, dass ein Teil des »Sonderkommandos« während der »Aktion Erntefest« umkam. Dies betrifft besonders jene Häftlinge, die mit der Verbrennung der Leichen beschäftigt waren, vgl. APMM, Erinnerungen und Berichte, VII-21, Kazimierz Wdzięczny: 3. IX 43 r., S. 19.

[50] BAL, Barch, B162/407 AR-Z 297/60, Rudolf Ettrich, Zeugenvernehmungsprotokoll, Bd. 20, Bl. 4182 Die Bezeichnung »Badebaracke« wurde oft für das Gebäude mit den Gaskammern gebraucht. Vgl. auch Heiner Lichtenstein, Majdanek. Reportage eines Prozesses, Frankfurt am Main 1979, S. 50–63; Ambach/Köhler, Lublin-Majdanek, S. 69, 77–79, 83, 87, 91–94.

Die Häftlinge hatten im Allgemeinen keine Möglichkeit, die Vorgänge in der Nähe der Gaskammern, geschweige denn innerhalb der Gaskammern, zu beobachten. Die Lagerleitung bemühte sich, die Vergasungen geheim zu halten. Aus diesem Grund fanden diese vor allem abends oder nachts statt. Während der Exekutionen liefen Traktor- oder Lastwagenmotoren, welche die Schreie der Opfer übertönen sollten. Eine polnische Gefangene, die in der Schneiderei am Weg zwischen den Häftlingsfeldern und den Badebaracken bzw. Gaskammern arbeitete, berichtet: »Ich erinnere mich, dass die Deutschen, als ich damals in der Nachtschicht der Schneiderei arbeitete, die Schreie der Vergasten mit einem Traktor übertönten, der in dieser Zeit angestellt wurde.«[51]

Unter den in Majdanek herrschenden Bedingungen gelang es jedoch nicht vollständig, die Vernichtung in den Gaskammern zu verheimlichen, um so mehr, als seit Mai 1943, nachdem einige zehntausend Juden im Lager angekommen waren, vorkam, dass jüdische Häftlinge auch tagsüber getötet wurden. Andrzej Stanisławski schreibt darüber: »Nur während der gehäuften Transporte scheuten sich die Hitleristen vor niemandem und nichts und brachten am helllichten Tag große Gruppen von Jüdinnen in die Gaskammern.«[52] Zacheusz Pawlak beobachtete eine der Vergasungen jüdischer Kinder im Sommer 1943.[53] Einige Zeugen sahen auch die Leichen in den Gaskammern. Zygmunt Godlewski, zum Leeren einer der Gaskammern gezwungen, berichtet:

»Diese Leichen sahen furchtbar aus. Männer, Frauen und Kinder, alle nackt, waren mit den Händen verschlungen. Frauen, wahrscheinlich Mütter, hielten Kinder am Hals bzw. umarmten sie. [...] Die

---

[51] APMM, Erinnerungen und Berichte, VII-296, Maria Bohdanowicz, Zeugenvernehmungsprotokoll, S. 2. Über den Einsatz von Autos zum Übertönen der Schreie der Opfer gibt Auskunft u. a. die Aussage des Leiters des Fuhrparks, Udo Mennenga. Siehe Rajca, Eksterminacja, S. 271.

[52] Stanisławski, Pole śmierci, S. 139. Vgl. ebenso Kwiatkowski, 485 dni, S. 131.

[53] Pawlak, »Ich habe überlebt...«, S. 111–112.

Leichen waren im Inneren der Gaskammer, aus der sichtlich noch Gas entwich.«[54]

Einige Informationen gelangten ebenfalls über das Kommando »Bad und Gaskammer« an die Häftlinge. So erfuhr auch der bereits erwähnte Jerzy Kwiatkowski von vielen Einzelheiten. Er schreibt zu diesem Thema:

»Die Gaskammer, gegenüber dem Eingang zu Feld I gelegen, wurde einmal täglich genutzt. Die Leichen der Vergasten wurden in der Nacht auf Anhänger verladen und mit Traktoren zum Krematorium gebracht. Sooft nachts im Lager die Traktoren fuhren, war klar, dass an diesem Tag eine Vergasung stattgefunden hat.«[55]

Oft sahen die Gefangenen nur die Selektion oder das Beladen der Autos mit den Leichen. Adolf Górski arbeitete beim Verlegen von Rohren in der Nähe des Haupteingangs und berichtet:

»Zu den schauerlichsten Dingen jedoch, die ich fast täglich – vor allem aber an den Tagen der Ankunft von Transporten – sah, gehörte der Traktor, dessen Anhänger voll war mit den Leichen derer, die am Tage zuvor angekommen waren. Diese Leichen waren mit Decken zugedeckt, doch manchmal riss der Wind einen Teil der Abdeckung hoch, so dass man unter ihr die Gliedmaßen der Opfer sehen konnte. Dieser Traktor legte seine Strecke drei- bis viermal täglich zurück, er fuhr aus dem Lager in Richtung Kazimierzówka. Doch selbst der vollständig abgedeckte Inhalt des Anhängers verriet die Art seiner Ladung, weil diese ‚beweglich' war, beim Anruckeln und Fahren des Traktors, wenn es bergauf ging, schaukelte sie hin und her. Auf diese

---

[54] APMM, Erinnerungen und Berichte, VII-409, Zygmunt Godlewski, Zeugenvernehmungsprotokoll, S. 3. Zeugen dieser Vorgänge waren auch andere polnische Häftlinge. Siehe u. a. APMM, Erinnerungen und Berichte, VII-352, Stefania Świderska, Zeugenvernehmungsprotokoll, S. 2; APMM, Videoaufnahmen, XXII-14, Bericht Jan Buczeks.
[55] Kwiatkowski, Oskarżam, S. 409ff.

Weise entledigten sich die hitleristischen Mörder der Beweise ihrer Verbrechen. Was das Lagerkrematorium an Verbrennung nicht schaffte, wurde in den nahe liegenden Wald transportiert.«[56]

Die Leichen der Vergasten wurden auch im Lager unter freiem Himmel verbrannt. An verschiedenen Orten wurden Scheiterhaufen errichtet: hinter Feld V, auf der ehemaligen Reitbahn, die sich in der Nähe des Bunkers mit den Kammern befand, sowie in einer Bodenvertiefung auf dem Gelände der »Gärtnerei«, rund 200 Meter von den Badebaracken und Gaskammern entfernt. Als die Warschauer Juden nach Majdanek deportiert wurden und das Morden in den Gaskammern zunahm, brannten die Scheiterhaufen den Berichten der Häftlinge zufolge Tag und Nacht. Im Lager war die Rauchwolke sichtbar und man konnte den Gestank der verbrannten Körper riechen.[57] Ein Augenzeuge der Spurenverwischung war Natan Żelechower:

»Wir konnten einen offenen, umzäunten kleinen Platz sehen, auf dessen linker Seite sich Gebäude befanden. Vor ihnen war ein riesiges Feuer, umgeben von einer kleinen aufgeschütteten Böschung. Vom Feuer erhoben sich riesige Schwaden grauen und schwarzen Qualms, den der Wind in verschiedene Richtungen wehte. Der Brandgeruch drang auf uns ein und machte das Atmen unmöglich. Rechts vom Feuer lag ein Berg von einigen hundert Leichen. Wir sahen deutlich die abgemagerten menschlichen Körper, übersät mit blauen Flecken und verdreht, an manchen Stellen völlig schwarz, sicher von Schlägen oder Blutergüssen. Die Leichen lagen in verschiedene Richtungen, die Körper der Männer vermischt mit jenen der Frauen und Kinder. Zwei Männer zogen die Leichen an Händen und Beinen aus dem

---

[56] APMM, Erinnerungen und Berichte, VII-917, Adolf Górski, Moje wspomnienia z obozu koncentracyjnego Majdanek, S. 6. Hier zit. nach: Adolf Górski, Durch Hitler's Konzentrationslager, deutsche Übersetzung: Thomas Reck, Berlin 1991, S. 5–6 (Typoskript).
[57] Kwiatkowski, 485 dni, S. 111; Ambach/Köhler, Lublin-Majdanek, S. 66, 94, 116.

Leichenberg, schaukelten sie und warfen sie zwei anderen Männern zu, die auf der Böschung beim Feuer standen.«[58]

Das Krematoriumskommando entfernte vor dem Verbrennen das Zahngold der Leichen, und den vergasten Frauen wurden nach der Aussage des Krematoriumschefs Erich Mußfeld die Haare geschoren. Ein Teil der Körper der in Majdanek Gestorbenen und Ermordeten wurde auch in den Krematorien verbrannt, zunächst im »Alten Krematorium« auf Zwischenfeld I, das einige Monate im Jahr 1942 arbeitete, sowie später im Krematorium hinter Feld V, das im Herbst 1943 in Betrieb ging.[59]

---

[58] APMM, Erinnerungen und Berichte, VII-643, Natan Żelechower, S. 25.

[59] Anna Żmijewska-Wiśniewska, Zeznanie szefa krematorium Ericha Muhsfeldta na temat byłego obozu koncentracyjnego w Lublinie (Majdanek), in: »Zeszyty Majdanka« Bd. I (1965), S. 133–148.

V

»Erntefest« – der Massenmord
vom 3. November 1943

Die Ermordung der jüdischen Häftlinge im Rahmen der so genannten »Aktion Erntefest« war eines der erschütterndsten Ereignisse in der Geschichte des Konzentrationslagers Majdanek. Sie setzte sich tief im Gedächtnis der meisten zu diesem Zeitpunkt Inhaftierten fest, wovon zahlreiche Memoiren von Überlebenden zeugen.

Erschießungen von Juden waren bereits 1942 erfolgt. Die ersten Erschießungsopfer waren Lubliner Juden, die am 20. April aus dem Ghetto Majdan Tatarski im Vorort Lublins nach Majdanek getrieben wurden. Sie verbrachten hier eine Nacht, viele unter freiem Himmel. Am nächsten Tag wurden 120 Männer im Lager gelassen und ein Teil der Deportierten von deutschen Firmen beansprucht. Die Übrigen, etwa 3.000 Personen, wurden in den nahen Wald bei Krępiec gefahren und in Massengräbern erschossen, die sie zuvor selbst hatten ausheben müssen.[1] Bis zum September 1942 wurden an diesem Ort auch Typhuskranke, vor allem Juden und Polen, erschossen, die den Selektionen in den Revierbaracken zum Opfer fielen. Später wurden Selektierte in den Gaskammern getötet und Erschießungen von Häftlingen kamen eher sporadisch vor. Mitte 1943 wurden 20 jüdische Häftlinge, die in den Lagermagazinen arbeiteten und dadurch Zeugen von Veruntreuungen und Unterschlagungen der Angehörigen der Lager-SS wurden, in einem Holzschuppen beim »Alten Krematorium« erschossen.[2]

---

[1] AIPNwW, Urteile und Anklageakten, Sign. 22, Urteil des Landesgerichts Wiesbaden in der Strafsache gegen Hermann Worthoff, Nr. 8Ks 1/70, Bd. II, S. 200ff. In einigen Zeugenberichten wird von 1.200 Personen gesprochen, andere wiederum geben die Zahl von 3.000 Juden an. Vgl. Robert Kuwałek, Zbrodnie w lesie krępieckim w świetle zeznań świadków, in: »Zeszyty Majdanka« Bd. XXI (2001), S. 293, Anm. 51.

[2] Marszałck, Majdanek, S. 130.

Dem Mord vom 3. November 1943, dem so genannten »Blutmittwoch«, widmete die Historiographie Majdaneks viel Aufmerksamkeit. In der Forschung treten unterschiedliche Auffassungen über die Genese der Massenhinrichtung auf. Viele Historiker sehen den Hauptgrund für das Massaker in der Furcht der SS vor der Ausbreitung bewaffneter Revolten, wie sie sich im August und Oktober im Ghetto in Białystok und in den Vernichtungslagern Treblinka und Sobibór ereignet hatten. Der Sicherheitsaspekt war zweifelsohne nicht ohne Bedeutung, besonders in Hinsicht auf die Arbeitslager. Dieses Argument scheint aber nicht auf die jüdischen Häftlinge im Konzentrationslager Majdanek zuzutreffen.

Auf der Suche nach einer Erklärung für die Entscheidung Himmlers, die Ermordung der meisten Juden in den Gebieten der Distrikte Lublin und Galizien sowie teilweise im Distrikt Krakau im November 1943 anzuordnen, gilt es vielmehr, ein Zusammenwirken mehrerer Faktoren aufzuzeigen. Es deutet viel darauf hin, dass das Hauptmotiv des Massakers der Konflikt der NS-Behörden über die Kontrolle der im Distrikt Lublin verbliebenen jüdischen Arbeitskräfte war. Deren Ausbeutung lag im Interesse sowohl privater Konzerne als auch des Wirtschafts-Verwaltungshauptamtes, welches im September 1943 formell mit Vorbereitungen zur Umwandlung der Arbeitslager für Juden in Nebenlager des Konzentrationslagers Majdanek begann. Die »Aktion Erntefest« machte solche Pläne unmöglich, was umso mehr darauf schließen lässt, dass die SS offensichtlich lieber ihre Unternehmen in den Arbeitslagern aufgab und deren Beschäftigten ermordete, als diese anderen Behörden oder Rüstungsbetrieben zur Verfügung zu stellen. Himmler selbst handelte dabei anscheinend aus Prestigegründen.[3]

Den Entschluss über die Liquidierung der letzten in der Region lebenden Juden fasste er wohl bereits im Sommer 1943. In die gleiche Zeit fiel auch die Absetzung Odilo Globocniks, der nicht nur bei der

---

[3] Eisenbach, Hitlerowska polityka, S. 544–546; Felicja Karay, Spór między władzami niemieckimi o żydowskie obozy pracy w Generalnej Guberni, in: »Zeszyty Majdanka« Bd. XVIII (1997), S. 27–47.

Vernichtung der Juden, sondern auch in Sachen Raub des Eigentums und Ausbeutung der Arbeitskraft der Deportierten, ein enger und vertrauter Mitarbeiter Himmlers war. Dies kündigte unweigerlich eine Kursänderung in der antijüdischen Politik an. Jakob Sporrenberg, der Globocnik in der Position des SS- und Polizeiführers im Distrikt Lublin ersetzte, behauptete, den Befehl zur Ermordung der Juden Ende August 1943 erhalten zu haben. Sein unmittelbarer Vorgesetzter, der Höhere SS-und Polizeiführer im Generalgouvernement, Wilhelm Krüger, zeigte ihm damals ein Schreiben Himmlers mit folgender Feststellung: »Das Judenproblem im Distrikt Lublin hat sich zu einer großen Gefahr ausgewirkt. Diesem Zustand muss jetzt ein Ende gesetzt werden.«[4]

Indirekt bestätigt dies auch der Verlauf der Ereignisse in Majdanek. Im September 1943 begann man jüdische Häftlinge aus Funktionen innerhalb der Lageradministration zu entfernen. Im gleichen Monat wurden auch die Vergasungen eingestellt und die Juden aus den Kommandos, die die Gaskammern zu bedienen hatten, wurden erschossen. Der endgültige Termin wurde anscheinend Mitte Oktober festgelegt, kurz nach der Häftlingsrevolte und der Massenflucht aus dem Vernichtungslager Sobibór. Der Aufstand ereignete sich am 14. Oktober. Zwei Tage darauf erhielten polnische Untergrundorganisationen folgende Information: »Aus Majdanek wird berichtet, dass der Lagerkommandant Melzer überraschend nach Berlin bestellt wurde, weshalb im Lager ernsthafte Vorfälle befürchtet werden.«[5]

Ende Oktober begannen die Vorbereitungsarbeiten im hinteren Teil des Lagers. In der Nähe des Krematoriums neben Feld V wurden hastig drei Gräben mit einer Länge von 100 Metern und einer Tiefe zwischen 1,5–3 Metern ausgehoben. Am späten Abend des 2. November fand eine Besprechung im Stabsbüro des SS- und Polizeichefs statt, an der auch die Kommandeure der Einheiten teilnahmen, die

---

[4] The National Archives, Kew, WO 208/4673, Report on the interrogation of PW LD 1136 SS Gruppenführer Jakob Sporrenberg, S. 16; Piotrowski, Misja, S. 56–57.

[5] APMM, OPUS, XII-10, S. 129. Martin Melzer war Kommandeur der Wachtruppe, übernahm zu dieser Zeit aber zugleich die Funktion des Vertreters des Lagerkommandanten.

an der Durchführung der Aktion beteiligt waren (Abteilungen der Waffen-SS und Sicherheitspolizei in Lublin, 22. und 25. Regiment der Polizei). Am Morgen darauf riegelten diese Truppen das Lager ab und begannen mit der Exekution. Die jüdischen Häftlinge wurden auf den einzelnen Feldern konzentriert und schrittweise auf Feld V geführt, das in der Nähe der Exekutionsgräben als Sammelpunkt diente. Etwa zur gleichen Zeit begann man auch die Jüdinnen und Juden aus den anderen Lagern (Lipowa-Straße, »Flugplatz«, Außenkommandos) dort hinzuführen. Häftlinge, die unterwegs Fluchtversuche unternahmen, wurden sofort gefasst und an Ort und Stelle erschossen. Ihre Leichname wurden auf Fuhrwerke geladen. Auf Feld V mussten die Juden in der letzten Baracke auf der rechten Seite alle Wertgegenstände abgeben und sich nackt ausziehen. Danach wurden sie durch den aufgeschnittenen Stacheldrahtzaun und ein Spalier bewaffneter Polizisten in die Gräben getrieben, in jeden Graben je zehn Personen, die Frauen mit den wenigen Kindern getrennt von den Männern. Die ersten Opfer legten sich auf die Erde, die nächsten auf die Leiber der vorher Erschossenen. Getötet wurden sie mit einem Schuss in den Nacken oder Hinterkopf, ein Teil starb durch Maschinengewehrsalven. Nicht alle starben sofort, viele wurden nur verwundet. Um die Schüsse zu übertönen, wurde aus zwei Lautsprecherwagen sehr laut Walzer- und Tanzmusik gespielt. Die Erschießungen dauerten etwa neun Stunden. Die Ausführenden waren SS-Männer und Polizisten der Sonderkommandos, unterstützt durch Personal des Kommandeurs der Sicherheitspolizei und des Sicherheitsdienstes in Lublin.[6]

Eine der erschütterndsten Beschreibungen des Massenmords vom 3. November verfasste der polnische Häftling Kazimierz Wdzięczny.

---

[6] Ausführlicher zum Verlauf der Exekution vgl. Berenstein, Rutkowski, Żydzi w obozie, S. 40–44; Żmijewska-Wiśniewska, Zeznanie szefa, S. 133–148; Masowe egzekucje Żydów 3 listopada 1943 roku. Majdanek, Poniatowa, Trawniki. Wspomnienia, hrsg. von Edward Dziadosz, Lublin 1988; Grabitz, Scheffler, Letzte Spuren, S. 328ff.; Christopher R. Browning, Ganz normale Männer. Das Reserve-Polizeibataillon 101 und die »Endlösung« in Polen, Reinbek bei Hamburg 1993, S. 179–189; Tomasz Kranz, Egzekucja Żydów na Majdanku 3 listopada 1943 r. w świetle wyroku w procesie w Düsseldorfie, in: »Zeszyty Majdanka« Bd. XIX (1998), S. 139–150.

Er schrieb sie vier Jahre später und stützte sich dabei auf Überlieferungen von Augenzeugen, darunter einige überlebende Juden und Mitglieder der SS-Mannschaft. Er schreibt u. a.:

»Das gesamte Lager wurde von SS-Männern umstellt. Maschinengewehrnester in der gesamten ‚Gärtnerei‛, auf Flakwagen mit vier Läufen und Besatzung in Bereitschaft. [...] Die jüdischen Kolonnen gehen in Richtung [Feld] Fünf zum Frauenlager. Rauschend ziehen bis zu dreitausend junge, selektierte Jüdinnen vorbei, am Ende tragen sie auf Tragen auch Kranke – zwei Leichen mit herunterhängenden Armen. Vom Bad der Gaskammer her sind Schreie und Schüsse zu hören. Umgeben von einem doppelten Kordon von SS-Männern, geht das gesamte Kommando des Flugplatz-Lagers. [...] Von den DAW wurden die jüdischen Häftlinge aus der Polnischen Armee herbeigeführt, ebenso die Spezialisten und Fachleute. [...] 10 Uhr. Der mächtige Lautsprecher beginnt mit lautem Geräusch, in den Raum ergießen sich die Töne eines Walzers, wie an Feiertagen, über dem Lager wehen die schwarzen SS-Flaggen, auf ihnen die Zeichen ihrer Nation. Aus den ersten zehn Reihen führen die SS-Männer mit Hilfe der Kapos, des Lagerschutzes Gruppen von 200 Personen und lenkten sie in die L-Baracke, wo sie in möglichster Ordnung die Kleider ablegen. Die Entblößten treiben sie in einen Schlauch doppelten, stromgeladenen Stacheldrahts, verbunden mit den Gräben, wo schon die flachgesichtigen Kalmücken, Letten, Litauer, Kroaten warten. Jeder zehnte ein Deutscher reinen Bluts. Als erste kommt eine Gruppe auserlesener Tschechoslowaken. [...] Die ersten Schüsse erschallen. Zuerst eröffnen die Deutschen das Maschinengewehrfeuer, danach die Kalmücken und anderen. Sie peitschen mit heißem Feuer über die nackten Körper. Jetzt hat es richtig begonnen.«[7]

Am 3. November 1943 wurden fast alle Juden des KZ Majdanek, seiner Außenkommandos und der Arbeitslager in Lublin ermordet.

---

[7] APMM, Erinnerungen und Berichte, VII-21, Kazimierz Wdzięczny, 3 XI 43 r., passim.

Nur 600 Männer und Frauen blieben verschont. Wahrscheinlich wurden am Tag der Exekution vier Juden durch den SS-Garnisonsarzt gerettet und aus dem Lager gebracht. Ihr weiteres Schicksal ist unbekannt. Nach Beendigung des Massakers versteckten sich noch einige jüdische Häftlinge im Lager, doch wurden sie, einer nach dem anderen, aufgespürt und ermordet. Unter solchen Umständen starben der slowakische Arzt Otto Reich und der polnische Arzt Włodzimierz Zadziewicz.[8] Eine Überlebenschance hatten eigentlich nur jene Juden, die im Lager als nichtjüdische, also »arische« Häftlinge galten, doch gab es von ihnen nur einzelne. Mit Hilfe gefälschter Dokumente überlebten u. a. die polnischen Jüdinnen Rachel Blank, Shoshana Kliger und Maryla Reich.[9]

Aus den am Leben gelassenen Jüdinnen vom Lager auf dem »Flugplatz« wurde das »Filzkommando« gebildet. Dessen Aufgabe war das Durchsuchen und Sortieren der Kleidung der Ermordeten. Da sich dabei viele Wertsachen, wie Gold, Edelsteine und Geld ansammelten, wurden die Frauen in einer streng bewachten Baracke untergebracht. Im April 1944 wurden sie nach Auschwitz überstellt und dort ermordet. Während des Transports gelang einigen Frauen die Flucht, indem sie aus dem Zug sprangen. Auf diese Weise retteten sich beispielsweise Ida Mazower und Henrika Mitron.[10]

Die Männer, die bei der Aktion ebenfalls am Leben gelassen wurden, eine Gruppe ehemaliger Soldaten der Polnischen Armee aus dem Arbeitslager in der Lipowa-Straße, mussten hingegen die Leichen der

---

[8] HStAD, Ger. Rep. 432, Johann Dierl, Zeugenvernehmungsprotokoll, Nr. 266, Bl. 181–185; BAL, Barch B162/407 AR-Z 297/60, Henryk Wieliczański, Zeugenvernehmungsprotokoll, Bd. 41, Bl. 7947.

[9] BAL, Barch B162/407 AR-Z 297/60, Rachel Blank, Zeugenvernehmungsprotokoll, Bd. 21, Bl. 3552–3556; APMM, Vernehmungsprotokolle der jüdischen Zeuginnen aus den Voruntersuchungen im Prozess in Düsseldorf (1961–1980), 1976, Xerokopien/II, Shoshana Kliger, Zeugenvernehmungsprotokoll, S. 247–254; Ambach/Köhler, Lublin-Majdanek, S. 130. In einigen Fällen wurden Jüdinnen, die ihre Identität im Lager nicht preisgaben, aus Majdanek entlassen. Auf diese Weise erlangte Anfang 1943 Luba Krugman-Gurdus die Freiheit. Siehe The Death Train. A Personal Account of a Holocaust Survivor, New York 1978.

[10] Ambach/Köhler, Lublin-Majdanek, S. 124.

Opfer der »Aktion Erntefest« verbrennen. Zuvor wurde ihnen das Zahngold entfernt. Diese Arbeiten nahmen über zwei Monate in Anspruch. Einer der polnischen Häftlinge schreibt:

»Mit dem Verbrennen der Leichenberge begann in Majdanek eine neue Pein. Dicke Schwaden weißen Rauchs mit dem grässlichen Gestank der verbrannten Körper bedeckten dicht alle Felder. Der nicht auszuhaltende Geruch ließ den Atem in der Brust stocken und rief bei vielen Häftlingen Erbrechen hervor. Jedes in den Mund genommene Stück Essen stank nach Leichen.«[11]

Die jüdischen Männer wurden auch zu anderen Lagern und Orten gebracht und dort zur Beseitigung der Spuren der Verbrechen gezwungen, vor allem im Wald von Borek bei Chełm. Sie öffneten die dortigen Massengräber und verbrannten die geborgenen Leichname. Die Mitglieder dieses Kommandos (»Sonderkommando 1005« oder »Himmelskommando«) wurden regelmäßig umgebracht. Nur einige wenige konnten sich durch Flucht retten, so wie Joseph Reznik.[12]

Die »Aktion Erntefest« bildete den Höhepunkt der Judenvernichtung in Majdanek, sie war jedoch nicht deren letzter Akt. Wie erwähnt, wurden ab Dezember 1943 einige kleine jüdische Gruppen ins Lager gebracht. In jener Zeit änderte sich die Behandlung der jüdischen Häftlinge völlig. Sie waren nun nicht mehr ständiges Objekt von Verfolgung und Vernichtung. Die sanitären Verhältnisse und Wohnbedingungen verbesserten sich zudem erheblich, was auch die jüdischen Lagerinsassen spürten. Sie wurden nun schrittweise in Lager verlegt, die weiter von der nahenden Front entfernt waren. Eine tragische Ausnahme bildete ein Transport mit 227 Juden aus dem KL Auschwitz, die den Sonderkommandos angehörten, die die Krematorien in Birkenau bedienten. Als Vergeltung für einen Fluchtversuch einiger Mitglieder des Sonderkommandos wurden sie nach

---

[11] Skoraczyński, Żywe numery, S. 90.
[12] APMM, Erinnerungen und Berichte, VII-239, Joseph Reznik, Zeugenaussage. Siehe ebenso die Mitschrift seines Verhörs in: The Trial of Adolf Eichmann. Record of Proceedings in the District Court of Jerusalem, Jerusalem 1993, Sitzung Nr. 64.

71

Majdanek überstellt und hier am 26. Februar erschossen. Majdanek war in dieser Phase bis zum Sommer 1944 Hinrichtungsort für zahlreiche Menschen, die nicht im Lager inhaftiert waren, hauptsächlich Polen aus der Widerstandsbewegung. Viele von ihnen kamen mit Häftlingstransporten aus dem Lubliner Schlossgefängnis. Kurz vor dem Einmarsch der Roten Armee in Lublin am 23. Juli 1944 wurden in einer Grube in der Nähe des Krematoriums neben Feld V etwa 900 Menschen in einigen Exekutionen erschossen. Unter ihnen befanden sich rund 30 jüdische Handwerker, so genannte »Hofjuden«, die bis dahin am Leben gelassen worden waren, weil sie Aufträge der höchsten Funktionäre der SS und Sicherheitspolizei in Lublin ausführten.[13]

---

[13] AIPNwW, Urteile und Anklageakten, Sign. 22, Urteil des Schwurgerichts in Wiesbaden vom 1. März 1973 in der Strafsache gegen Hoffmann u. a. wegen Beihilfe zum Mord, 8 Ks 1/70, Bd. 1, S. 52; Marszałek, Majdanek, S. 135–136.

VI

Die Zahl der jüdischen Opfer

Im Zuge der »Aktion Erntefest« wurden am 3. und 4. November 1943 etwa 42.000 Juden im Distrikt Lublin erschossen. Die Massenexekutionen fanden auch in den Zwangsarbeitslagern in Trawniki und Poniatowa statt. Die Opferzahl des Massakers in Majdanek wird auf ca. 18.000 Personen geschätzt. Darin inbegriffen sind sowohl die jüdischen Häftlinge des KL Lublin, seiner Außenkommandos sowie der Arbeitslager in der Lipowa-Straße und auf dem »Flugplatz«.[1]

Die vorhandenen Dokumente ermöglichen auch keine genaue Bestimmung der Gesamtzahl der Juden, die 1941–1944 im Konzentrationslager Lublin starben. In der Literatur werden unterschiedliche Berechnungen präsentiert. Besonders auffallende Diskrepanzen weisen beispielsweise die Schätzungen amerikanischer Historiker auf. Raul Hilberg kalkuliert die Zahl der jüdischen Opfer auf mindestens 50.000, während Lucy Dawidowicz von 1.380.000 Toten ausgeht.[2]

---

[1] In den Berichten stößt man bisweilen auf höhere Schätzungen, die die Zahl von 20.000 überschreiten. Es ist außerdem unklar, wie viele Häftlinge genau nicht aus Majdanek stammten. In der Fachliteratur herrscht zu diesem Thema Uneinigkeit, in einigen Studien wird sogar angegeben, dass an diesem Tag 14.000 Personen ins Lager getrieben wurden. Diese Angaben erscheinen aber als leicht überhöht. Aufgrund der deutschen Dokumente und anderer Quellenüberlieferungen muss man davon ausgehen, dass es sich um 10.000–12.000 Juden handelte, die in den Betrieben und Werkstätten der DAW, Bekleidungswerke und OSTI in Lublin außerhalb Majdaneks arbeiteten. Siehe Józef Marszałek, Obozy pracy w Generalnym Gubernatorstwie w latach 1939–1945, Lublin 1998, S. 109–112 sowie APMM, Sammlung Xero- und Fotokopien, XIX-1242, Bericht des SSUscha. Johann Sebastian Fischer über eine überschlägige Prüfung der Ostindustrie G.m.b.H. über die Zeit seit der Gründung der Gesellschaft bis zum 29.2.1944; Geschäftsbericht I der Ostindustrie G.m.b.H. für das Geschäftsjahr (Original in: National Archives and Records Administration in Washington, T-976, R.16).

[2] Raul Hilberg, Die Vernichtung der europäischen Juden, Frankfurt am Main 1994,

Im Jahr 1948 erschien ein umfangreicher Artikel zur Geschichte des KZ Majdanek, dessen Autor, der polnische Richter Zdzisław Łukaszkiewicz, Berechnungen vornahm, die sich z. T. auf das damals zugängliche Quellenmaterial stützten. Allerdings erhöhte er, ohne dafür in den Dokumenten eine Bestätigung zu finden, die Zahl der deportierten Häftlinge (z. B. der polnischen Juden im Jahr 1942), der Verluste unter den in den Lagerkarteien nicht erfassten Häftlingen (z. B. der Juden aus dem Warschauer Ghetto im Jahr 1943) sowie die durchschnittliche Belegzahl des Lagers beträchtlich. Dies führte ihn zu dem Ergebnis, dass das Lager 360.000 Opfer forderte, darunter rund 200.000 registrierte Häftlinge. Die größten Opfergruppen bilden nach seinen Berechnungen Juden (200.000) und Polen (100.000).[3]

In einem Aufsatz zu den jüdischen Häftlingen in Majdanek schlugen Tatiana Berenstein und Adam Rutkowski 1966 eine Neuberechnung der Opferzahlen vor. Sie gingen von der Annahme aus, dass im KL Lublin rund 120.000 Juden ihr Leben ließen. In ihren Schätzungen erhöhten sie jedoch die Zahl der im Sommer 1943 aus den Ghettos in Warschau und Białystok deportierten Juden deutlich.[4]

Beide Schätzungen werden in vielen wissenschaftlichen und populären Veröffentlichungen zitiert. Auch der israelische Historiker Aharon Weiss beruft sich darauf, wenn er annimmt, dass die Zahl der jüdischen Opfer in Majdanek zwischen 120.000 und 200.000 schwankt.[5]

Eine bedeutend niedrigere Zahl gibt hingegen Wolfgang Scheffler an, der die Menschenverluste unter den Juden auf 50.000 bis 60.000 schätzt, sowie Józef Marszałek, dessen Angaben zufolge 80.000 Ju-

---

Bd. 2, S. 956; Lucy Dawidowicz, Der Krieg gegen die Juden. 1933–1945, Wiesbaden 1979, S. 139.

[3] Zdzisław Łukaszkiewicz, Obóz koncentracyjny i zagłady Majdanek, in: »BGK-PZHwP«, Bd. 4 (1948), S. 85–91.

[4] Berenstein, Rutkowski, Żydzi w obozie, S. 18.

[5] Aharon Weiss, Categories of Camps – Their Character and Role in the Execution of the Final Solution of the Jewish Question«, in: The Nazi Concentration Camps. Structure and Aims. The Image of the Prisoner. The Jews in the Camps, hrsg. von Yisrael Gutman, Jerusalem 1984, S. 132.

den in Majdanek umkamen.[6] In dieser Größenordnung bewegen sich auch die in der deutschen Fachliteratur am häufigsten angegebenen jüdischen Opferzahlen.[7]

Der im Jahr 2001 veröffentlichte Funkspruch Hermann Höfles, dem Stabschef des SS- und Polizeiführers im Distrikt Lublin, gab in der Frage der jüdischen Opferzahlen jedoch einigen Aufschluss. Darin wird die Gesamtzahl der 1942 im Verlauf der »Aktion Reinhardt« ermordeten Juden, aufgeschlüsselt auf die vier Lager genannt: Lublin, Bełżec, Sobibór und Treblinka.[8] Aus dem Dokument geht hervor, dass im KL Lublin bis Ende 1942 insgesamt 24.733 Juden starben. In der Auflistung wird ebenso die Höhe der Verluste in den zwei letzten Dezemberwochen genannt (12.761 Tote). Im Vergleich zur Bilanz des gesamten Jahres 1942 ist dies eine überraschend hohe Zahl, was Peter Witte und Stephen Tyas zu der These brachte, dass es sich hier um gerade Deportierte und sofort nach ihrem Eintreffen im Lager Ermordete handelte. Diese Annahme ist indes nicht zutreffend. Derart große Transporte in einer relativ kurzen Zeit hätten mit Sicherheit die Aufmerksamkeit der Mithäftlinge erregt, worüber in den Quellen jedoch nichts berichtet wird. Vielmehr ergibt sich aus den Angaben des Telegramms, dass die Zahl der bis Dezember ermordeten Juden 11.972 beträgt. Diese liegt nahe an der Zahl der bis zu dieser Zeit im Sterberegister (Totenbuch) verzeichneten Todesfälle jüdischer Häftlinge. Bis Ende November übermittelte die Verwaltung des KZ Majdanek der SS

---

[6] Józef Marszałek, Stan badań nad stratami osobowymi ludności żydowskiej Polski oraz nad liczbą ofiar obozów zagłady w okupowanej Polsce, »Dzieje Najnowsze« Nr. XXVI, H. 2 (1994), S. 38–40; Wolfgang Scheffler, Chełmno, Sobibór, Bełżec und Majdanek, in: Der Mord an den Juden im Zweiten Weltkrieg, hrsg. von Eberhard Jäckel und Jürgen Rohwer, Stuttgart 1985, S. 148.

[7] Siehe z. B. Benz, Dimension des Völkermordes, S. 17.

[8] Peter Witte, Stephen Tyas, A New Document on the Deportation and Murder of Jews during »Einsatz Reinhardt« 1942, »Holocaust and Genocide Studies« Bd. 15, Nr. 3, Winter 2001, S. 469ff. Auffallend ist die Reihenfolge, in der die Lager erwähnt wurden. Sie wurden weder alphabetisch noch nach der Höhe der Opferzahlen geordnet. Sollte dies kein Zufall sein, ist anzunehmen, dass die Aufzählung dem Datum der Einrichtung der Lager folgt. Dies wäre ein weiterer Beleg für die Annahme, dass Majdanek bereits im Frühjahr 1942 als ein Teil der »Aktion Reinhardt« inbegriffen war.

wahrscheinlich nur die Sterbedaten registrierter Lagerinsassen. Diese Meldungen wurden regelmäßig an die IKL in Oranienburg gesandt. Ab Dezember 1942 wurden die Todesfälle jüdischer Häftlinge nicht mehr in den Sterberegistern eingetragen, sie wurden aber gesondert gezählt (im Dezember starben in Majdanek 2.505 Juden).[9] In diesem Monat nahm offenbar die Lagerverwaltung oder Höfle persönlich die Berechnung der Gesamtzahl der in Majdanek und im Wald bei Krępiec ermordeten Juden im Jahr 1942 vor. Da es sich hierbei um Opfer von Mordaktionen des Kommandeurs der Sicherheitspolizei und des Sicherheitsdienstes in Lublin handelte, fanden sie in der Lagerstatistik keine Erwähnung. Die Zahl 12.671 betrifft zudem nicht die in den letzten beiden Wochen des Dezember umgebrachten Juden, sondern die Summe aller Opfer von Exekutionen und Ermordungen im Lager im Jahr 1942, sowie die in diesen beiden Wochen *intra muros* gestorbenen Juden. Dies bestätigt indirekt eine Bemerkung im Bericht Korherrs, dass die Daten über die in Auschwitz und Majdanek gestorbenen Juden nicht die während der Evakuierungsaktionen, also die unmittelbar nach ihrer Ankunft ermordeten Juden, einschließen.[10]

Eine zusätzliche Bestätigung dieses Ergebnisses erhält man aus der Gegenüberstellung der im Funkspruch angegeben jüdischen Opferzahlen Majdaneks mit der Zahl der 1942 hierher Deportierten. Addiert man zu den 24.733 gestorbenen und ermordeten Juden die Anzahl von 7.342 jüdischen Häftlingen am 31. Dezember 1942 sowie diejenigen, die Korherr zufolge freigelassen wurden (4.568 Personen) – es handelt sich hier gewiss um Deportationen ins KL Auschwitz oder die Lager in der Lipowa-Straße und am »Flugplatz« – erhält man 36.643. Diese Zahl deckt sich annähernd mit der geschätzten Anzahl deportierter Juden im Jahr 1942.[11]

---

[9] Dies steht im Zusammenhang mit einem Rundschreiben der IKL vom 21. November 1942, das den Kommandanten vorschrieb, den Tod von Juden nur noch in Sammellisten zu registrieren. Siehe Martin Broszat et al., Anatomie des SS-Staates, München 1967, Bd. 2, S. 128–129; Tomasz Kranz, Zur Erfassung der Häftlingssterblichkeit im Konzentrationslager Lublin, Lublin 2007.

[10] Nbg. Dok. NO-5194, Korherr-Bericht, S. 11–12.

[11] Aus Leszczyńskas Artikel über die Zahl der in Majdanek ankommenden Trans-

Die Bestimmung der Verluste unter den Juden Majdaneks lässt sich nach zwei Methoden vornehmen. Eine Möglichkeit ist die Summierung der Zahl der gestorbenen registrierten Häftlinge und der neu angekommenen Opfer von Erschießungen und Vergasungen. Das erhaltene Quellenmaterial ermöglicht eine ziemlich genaue Verfolgung der Sterberate der Juden im Jahr 1942. Analysiert man die Stärkemeldungen des KZ Majdanek für den Zeitraum von April bis Juni 1943, in denen u. a. die Zahl der so genannten »Abgänge« (der Toten und Überstellten) ausgewiesen wurde, so kommt man der Sterblichkeit im gesamten Jahr 1943 sehr nahe. Bei der Zahl der Erschossenen, hier geht es vor allem um die Opfer des Massakers vom 3. November 1943, gibt es keine größeren Abweichungen, vielmehr kann man deren Zahl als annähernd genau annehmen. Die Quellen reichen jedoch nicht aus, um eine genaue Berechnung der in den Gaskammern ermordeten Juden vorzunehmen.[12]

Aus diesen Gründen ist die additive Methode nicht völlig ausreichend. Hilfreicher ist hingegen eine zweite Methode, indem man von der Gesamtzahl der jüdischen Häftlinge in Majdanek die Anzahl der in andere Lager verlegten Personen subtrahiert. Auf diese Weise erhält man die Anzahl der jüdischen Häftlinge, die im KL Lublin gestorben sind oder ermordet wurden. Die bisherigen Forschungen ergaben, dass in den Jahren 1942–1944 etwa 15.000 Juden aus Majdanek verlegt wurden.[13] Zieht man nun diese Zahl von der Gesamtzahl der Juden

porte geht hervor, dass in dieser Zeit rund 35.000 Juden deportiert wurden. Im entsprechenden Abschnitt des von Tadeusz Mencel herausgegebenen Bandes nimmt sie jedoch eine Zahl von 41.000 an. Leszczyńska, Transporty więźniów do obozu, S. 183, 186, 189; Majdanek 1941–1944, S. 95–101.

[12] Ruppert behauptet, dass von Oktober bis Dezember 1942 in der Gaskammer in Majdanek wöchentlich 500–600 Menschen umgebracht wurden. Insgesamt wurden folglich im letzten Quartal dieses Jahres 6.000–7.200 Personen vergast. Diese Zahl schließt sicherlich auch polnische Häftlinge ein, die zu dieser Zeit im Revier den Selektionen zum Opfer fallen konnten. Von den im Sommer 1943 aus dem Warschauer Ghetto deportierten Juden wurden hingegen nach dieser Aussage 4.000–5.000 mit Gas ermordet.

[13] Janina Kiełboń zufolge wurden in den Jahren 1942–1943 12.330 Juden nach Auschwitz, Sachsenhausen sowie die Arbeitslager im Distrikt Radom gebracht. Vgl. Kiełboń, Migracje ludności, S. 156. Zu dieser Zahl sind noch ca. 1.600 Personen

(74.000) ab, so kommt man auf 59.000. Es ist also anzunehmen, dass im Konzentrationslager Lublin ca. 60.000 jüdische Frauen, Männer und Kinder ihr Leben verloren. Fast die Hälfte starb im Jahr 1942, rund 30 Prozent wurden an nur einem Tag, dem 3. November 1943, ermordet.

Da die Registrierung der Todesfälle jüdischer Häftlinge durch die Lagerschreibstuben des KZ Majdanek im Dezember 1942 eingestellt wurde und die Mehrzahl der Akten der Lagerverwaltung mit den Personaldaten der Häftlinge kurz vor seiner Auflösung verbrannt wurden, sowie aufgrund der Tatsache, dass viele Menschen ohne Verzeichnung ihrer Namen unmittelbar nach ihrer Ankunft im Lager in den Gaskammern getötet wurden, bleibt die überwiegende Mehrzahl der jüdischen Opfer anonym. Nur von einigen tausend Personen sind persönliche Angaben bekannt.[14]

---

eines Transports nach Sobibór im Herbst 1942 hinzuzuzählen, sowie 1.300 Juden, die Majdanek mit den Evakuierungstransporten 1944 verlassen mussten. Schelvis, Sobibór, S. 109–110; Berenstein, Rutkowski, Żydzi w obozie, S. 48.

[14] Die unvollständig erhaltenen Totenbücher von 1942, die den Zeitraum vom 18. Mai bis zum 29. September umfassen, dokumentieren den Tod von 6.701 Personen, darunter 6.001 Juden. Siehe Księga zmarłych więźniów. The Book of Prisoner Deaths. Majdanek 1942, hrsg. von Janina Kiełboń, Krzysztof A. Tarkowski, Lublin 2004. Die Identitäten einer kleinen Zahl von Opfern lassen sich zudem aufgrund anderer Dokumente aus dem Lager oder der Nachkriegsdokumentationen feststellen, wie den in Deutschland herausgegebenen Gedenkbüchern. Siehe Gedenkbuch. Opfer der Verfolgung der Juden, passim.

Schluss

Die meisten jüdischen Häftlinge wurden ins Konzentrationslager Lublin mit der Absicht deportiert, ihre Arbeitskraft durch Sklavenarbeit auszubeuten. Anfangs wurden sie beim Aufbau des Lagers eingesetzt, später mussten sie in den mit der »Aktion Reinhardt« verknüpften SS-Betrieben und Magazinen arbeiten. Die schweren Lebensbedingungen und die Arbeitsanforderungen, die alle Kräfte übertrafen, riefen eine hohe Häftlingssterblichkeit hervor, die keinen Zweifel daran lässt, dass Majdanek in hohem Maße eine Stätte der Judenvernichtung war, umso mehr, da an diesem Ort viele Menschen in den Gaskammern direkt nach ihrer Ankunft starben und hier eine der größten Exekutionen nicht nur in der Geschichte der »Endlösung«, sondern des gesamten Zweiten Weltkriegs, durchgeführt wurde.

Andererseits war das KZ Majdanek nie ausschließlich ein Arbeits- oder Vernichtungslager. Beide Ziele, die Ausbeutung der Arbeitskraft und der Massenmord, waren in seinem Fall eng miteinander verwoben. Professor Yisrael Gutman, der im Mai 1943 aus dem Warschauer Ghetto nach Majdanek deportiert wurde, konstatierte mit Recht, dass es sich um ein Lager mit einem sehr harten Regime handelte, das teilweise der schrittweise realisierten Vernichtung (gradual extermination) diente.[1] Zu einem ähnlichen Ergebnis kam die amerikanische Forscherin Elisabeth B. White:

»Die maßgebliche Funktion Majdaneks als Instrument national-sozialistischer Judenpolitik war jedoch die Bildung eines Reservoirs

---

[1] Yisrael Gutman, Social Stratification in the Concentration Camps, in: The Nazi Concentration Camps, S. 149. Siehe auch dessen Befragung in: The Trial of Adolf Eichmann. Record of Proceedings in the District Court of Jerusalem, Bd. III, Jerusalem 1993, Sitzung Nr. 63, S. 1153–1158.

an jüdischen Arbeitskräften, welche bis zur letzten Kraft ausgenutzt, und erst dann mit Hilfe ‚natürlicher' Methoden, wie Aushungern, Auszehrung und Krankheiten, sowie auf Gewalt beruhender Praktiken, wie Erschießungen und Vergasungen, vernichtet werden sollten.«[2]

Einen etwas anderen Standpunkt bezog in dieser Frage Barbara Schwindt in ihrem Buch über die Rolle des KL Lublin während des nationalsozialistischen Judenmords. Ihrer Meinung nach unterlag seine Funktion im Rahmen der »Endlösung« einer schrittweisen Veränderung. Sie unterscheidet drei Phasen in der Entwicklungsgeschichte Majdaneks. Bis 1942 trug es demnach den Charakter eines Arbeitslagers, danach diente es zur Bereitstellung und zur Tötung jüdischer Häftlinge, und zwischen Mai und November 1943 funktionierte es voll und ganz als Vernichtungslager. Schwindt vermutet, dass der Wendepunkt des Funktionswandels des KL Lublin zum Ort des systematischen Massenmordes der Juden die Ankunft der Massentransporte aus dem Warschauer Ghetto im Frühjahr 1943 war.[3] Dieser These widersprechen jedoch die zugänglichen Quellen und Fakten. Der Zustrom einer großen Zahl jüdischer Häftlinge aus dem aufgelösten Ghetto in Warschau war schließlich ein Bestandteil umfangreicherer Deportationen in den Distrikt Lublin. Deren Hintergrund waren wirtschaftliche Vorhaben, nämlich die Umsiedlung der Werkstätten und Arbeiter aus dem Ghetto nach Lublin sowie der Ausbau dieser Unternehmen unter Federführung der SS-Gesellschaft OSTI. Zwar wurden diese Pläne nicht vollständig umgesetzt, u. a. aufgrund der Absetzung Globocniks als SS- und Polizeiführer im Distrikt Lublin, doch wurde eine beträchtliche Anzahl der im Sommer 1943 inhaftierten jüdischen Insassen Majdaneks nicht ermordet, sondern nach einigen Wochen zur Arbeit in andere Lager verlegt. Daraus geht eindeutig hervor, dass das Lager auch in dieser

---

[2] Elisabeth B. White, Majdanek. Cornerstone of Himmler's SS Empire in the East, in: »Simon Wiesenthal Center Annual« Bd. 7 (1990), S. 10.

[3] Barbara Schwindt, Das Konzentrations- und Vernichtungslager Majdanek. Funktionswandel im Kontext der »Endlösung«, Würzburg 2005.

Zeit eine Doppelfunktion erfüllte: zum einen Arbeitskräftereservoir, zum anderen Vernichtungsstätte.

Bei der Bewertung der Bedeutung des KZ Majdanek innerhalb der nationalsozialistischen Judenvernichtung muss berücksichtigt werden, dass im September 1942, als die »Aktion Reinhardt« ihren Höhepunkt erreichte, der Bau der Gaskammern im Lager noch vor seiner Vollendung stand. Es gibt zudem keinerlei Beweise dafür, dass sie in einem größeren Umfang genutzt werden sollten. Ende 1942, als der Bau der meisten Wohnbaracken und Wirtschaftsobjekte beendet war, waren im Distrikt Lublin nur noch zehn Prozent der Juden am Leben. Die Funktion des Konzentrationslagers als Ort der sofortigen Vernichtung war eher ein Nebeneffekt der Politik Globocniks. Vor dem Hintergrund des in industrieller Manier organisierten und in riesigen Ausmaßen stattfindenden Massenmords in Bełżec und Treblinka, erscheint die Vernichtung in Majdanek als eine *sui generis*.

Nach den bisherigen Überlegungen stellt sich indes die Frage, inwiefern das KZ Majdanek als Lager der »Aktion Reinhardt« fungierte. Seine Einbeziehung in diese vom Lubliner SS- und Polizeiführer geleitete Operation der Vernichtung der Juden im Generalgouvernement ist jedenfalls sehr vielschichtig. So sehr Majdanek in erster Linie ein Konzentrationslager war, die Juden nur eine unter mehreren Häftlingsgruppen darstellten und das Lager verschiedene andere Aufgaben übernahm, so war es doch zugleich ein integraler Bestandteil der »Aktion Reinhardt«. Als Beweis dafür dient nicht nur Globocniks Aufsicht über die die Juden betreffenden Bereiche Majdaneks, sondern ebenso die Tatsache, dass auch die jüdischen Opfer des Lagers in der allgemeinen Statistik dieses von ihm organisierten und koordinierten Massenmords berücksichtigt wurden.

Zwischen 1941 und 1944 erfüllte das deutsche Konzentrationslager Lublin innerhalb der antijüdischen Politik unterschiedliche Aufgaben und diente nicht nur als Vernichtungslager, deshalb konnten einige der jüdischen Häftlinge die Hölle des Zweiten Weltkriegs überleben. Während der Judenverfolgung spielte Majdanek allerdings eine verhängnisvolle Rolle. In der Geschichte der Shoah nimmt es einen besonderen Platz ein.

Bibliographie

1. Archivquellen

Archiwum Instytutu Pamięci Narodowej w Warszawie (AIPNwW) [Archiv des Instituts für Nationales Gedenken in Warschau]
– Urteile und Anklageakten

Yad Vashem Archiv (YVA)
– Berichtsammlung

Archiwum Państwowe w Lublinie (APL) [Staatliches Archiv in Lublin]
– Akten der Zentralbauleitung der Waffen-SS und Polizei Lublin

Archiwum Państwowego Muzeum na Majdanku (APMM) [Archiv des Staatlichen Museums in Majdanek]
– Akten der Verwaltung des Konzentrationslagers Lublin 1941–1944
– »Aktion Reinhardt« – Akten des SS- und Polizeiführers im Distrikt Lublin
– Erinnerungen, Berichte, Häftlingsfragebögen
– Zentrale Fürsorge des AK-Untergrunds »OPUS«
– Mikrofilme
– Sammlung von Foto- und Xerokopien
– Ermittlungs- und Prozessakten

Archiwum Żydowskiego Instytutu Historycznego (AŻIH) [Archiv des Jüdischen Historischen Instituts in Warschau]
– Berichte

Bundesarchiv Außenstelle Ludwigsburg (BAL)
– LG Düsseldorf, Urteil in der Strafsache gegen Hackmann u. a., 162/407 AR-Z 297/60
– Vernehmungsprotokolle
– Verschiedenes

Hauptstaatsarchiv Düsseldorf (HStAD)
– Gerichte der Republik 432, Nr. 1–478

The National Archives, Kew
– Die Belegstärken Majdaneks für den Zeitraum von Januar 1942 bis Januar 1943, erstellt auf Grundlage der Abhörmaßnahmen des britischen Geheimdienstes, HW 16/10
– Report on the interrogation of PW LD 1136 SS Gruppenführer Jakob Sporrenberg, WO 208/4673.

2. Gedruckte Quellen

Ambach, Dieter/Thomas Köhler, Lublin-Majdanek. Das Konzentrations- und Vernichtungslager im Spiegel von Zeugenaussagen, Düsseldorf 2003.

Bericht von Robert Eisenstädt über die gewaltsame Verschleppung im Mai 1942, in: Das achte Licht. Beiträge zur Kultur- und Sozialgeschichte der Juden in Nordhessen. Hrsg. von Helmut Burmeister und Michael Dohrs, Hofgeismar 2000, S. 243–247.

Birenbaum, Halina, Die Hoffnung stirbt zuletzt, Hagen 1989.

Blatt, Thomas T., Nur die Schatten bleiben. Der Aufstand im Vernichtungslager Sobibór, Berlin 2000.

Brzosko-Mędryk, Danuta, Niebo bez ptaków [Himmel ohne Vögel], Warszawa 1968.

Der Dienstkalender Heinrich Himmlers 1941/42. Hrsg. von Peter Witte et al., Hamburg 1999.

Donat, Alexander, The Holocaust Kingdom: a memoir, Washington 1999.

Eksterminacja Żydów na ziemiach polskich w okresie okupacji hitlerowskiej. Zbiór dokumentów [Die Vernichtung der Juden auf dem Gebiet Polens während der Hitlerokkupation]. Ges. u. bearb. von Tatiana Berenstein, Artur Eisenbach, Adam Rutkowski, Warszawa 1957.

Faschismus – Getto – Massenmord. Dokumentation über Ausrottung und Widerstand der Juden in Polen während des Zweiten Weltkrieges. Hrsg. von Tatiana Berenstein et al. Berlin 1961.

Fröhlich, Elke (Hrsg.), Die Tagebücher von Josef Goebbels, Teil II: Diktate 1941–1945, 4 Bde, München u. a. 1995, 1996.

Frydman, Adam, Majdanek. Recollections of an inmate No 14704 of his 7 weeks in the Majdanek extermination camp (Typoskript).

Gedenkbuch. Opfer der Verfolgung der Juden unter der nationalsozialistischen Gewaltherrschaft in Deutschland 1933–1945, Koblenz 1986.

Górski, Adolf, Durch Hitler's Konzentrationslager, deutsche Übersetzung: Thomas Reck, Berlin 1991 (Typoskript).

Grabitz, Helge, Wolfgang Scheffler, Letzte Spuren. Ghetto Warschau, SS-Arbeitslager Trawniki, Aktion Erntefest, Fotos und Dokumente über Opfer des Endlösungswahns im Spiegel der historischen Ereignisse, Berlin 1993.

Hindls, Arnold, Einer kehrte zurück. Bericht eines Deportierten, Stuttgart 1965.

Jesteśmy świadkami. Wspomnienia byłych więźniów Majdanka [Wir sind Zeugen. Erinnerungen ehemaliger Häftlinge Majdaneks]. Ausw. u. Einl. von Czesław Rajca et al., Lublin 1969.

Kiełboń, Janina, Księga więźniów zmarłych na Majdanku w 1942 r. Analiza dokumentu [Das Totenbuch Majdaneks von 1942. Analyse eines Dokuments], in: »Zeszyty Majdanka« Bd. XV (1993), S. 111–115.

Kranz, Tomasz, Affidavit Friedricha W. Rupperta z 6 sierpnia 1945 na temat obozu koncentracyjnego na Majdanku [Affidavit Friedrich W. Rupperts vom 6. August 1945 über das Konzentrationslager Majdanek], in: »Zeszyty Majdanka« Bd. XXIII (2005), S. 97–115.

Kranz, Tomasz, Egzekucja Żydów na Majdanku 3 listopada 1943 r. w świetle wyroku w procesie w Düsseldorfie [Die Hinrichtung der Juden in Majdanek vom 3. November 1943 im Lichte des Urteils des Düsseldorfer Prozesses], in: »Zeszyty Majdanka« Bd. XIX (1998), S. 139–150.

Kranz, Tomasz (Hrsg.), Unser Schicksal – eine Mahnung für Euch... Berichte und Erinnerungen der Häftlinge von Majdanek, Lublin 1994.

Krugman-Gurdus, Luba, The Death Train. A Personal Account of a Holocaust Survivor, New York 1978.

Księga zmarłych więźniów. The Book of Prisoner Deaths. Majdanek 1942. Hrsg. von Janina Kiełboń, Krzysztof A. Tarkowski, Lublin 2004.

Kwiatkowski, Jerzy, 485 dni na Majdanku [485 Tage in Majdanek], Lublin 1966.

Lew, Sara, From Biaslystok to Brooklyn: a survivor's memoir, Austin 2005.

Masowe egzekucje Żydów 3 listopada 1943 roku. Majdanek, Poniatowa, Trawniki. Wspomnienia [Die Massenexekutionen von Juden am 3. November 1943. Majdanek, Poniatowa, Trawniki. Erinnerungen]. Ausw. und bearb. von Edward Dziadosz, Lublin 1988.

Minney, R.J., I Shall Fear no Evil. The Story of Dr. Alina Brewda, London [o.J.].

My z Majdanka. Wspomnienia byłych więźniarek [Wir aus Majdanek. Erinnerungen ehemaliger weiblicher Häftlinge]. Hrsg. u. bearb. von Krystyna Tarasiewicz, Lublin 1988.

Panz, Mieczysław, Prawo pięści [Das Recht der Faust], Warszawa 1977.

Pawlak, Zacheusz, »Ich habe überlebt...« Ein Häftling berichtet über Majdanek, Hamburg 1979.

Piotrowski, Stanisław, Misja Odyla Globocnika. Sprawozdanie o wynikach finansowych zagłady Żydów w Polsce [Die Mission Odilo Globocniks. Bericht über die finanziellen Ergebnisse der Judenvernichtung in Polen], Warszawa 1949.

Przeżyli Majdanek. Wspomnienia byłych więźniów obozu koncentracyjnego na Majdanku [Sie überlebten Majdanek. Erinnerungen ehemaliger Häftlinge des Konzentrationslagers Majdanek]. Eingel., ausgew. u. hrsg. von Czesław Rajca, Anna Wiśniewska, Lublin 1980.

Raporty uciekinierów z KL Auschwitz [Die Berichte der Flüchtlinge aus dem KL Auschwitz]. Hrsg. u. komm. von Henryk Świebocki, Oświęcim 1991.

Rybak, Rywka, A Survivor of the Holocaust, Washington 1993.

Schupack, Joseph, Tote Jahre. Eine jüdische Leidensgeschichte, Tübingen 1984.

Siejwa, Feliks, Więzień III pola [Häftling von Feld III], Lublin 1964.

Simonow, Konstantin, Ich sah das Vernichtungslager, Moskau 1944.

Skoraczyński, Czesław, Żywe numery [Lebende Nummern], Kraków 1984.

Stabholz, Tadeusz, Seven Hells, New York 1991.

Stanisławski, Andrzej, Pole śmierci [Das Todesfeld], Lublin 1969.

Trial of the Major War Criminals, Nürnberg 1947–49, Bd. XX.

The Trial of Adolf Eichmann. Record of Proceedings in the District Court of Jerusalem, Bd. III, Jerusalem 1993, Sitzung Nr. 63.

Vorläufiges Verzeichnis der Konzentrationslager und deren Außenkommandos sowie anderer Haftstätten unter dem Reichsführer-SS in Deutschland und deutsch besetzten Gebieten (1933–1945), Arolsen 1969.

Wspomnienia Rudolfa Hoessa komendanta obozu oświęcimskiego [Die Erinnerungen des Rudolf Hoess, Lagerkommandant von Auschwitz], Warszawa 1960.

Zagłada Żydów w obozach na ziemiach polskich [Die Vernichtung der Juden in den Lagern auf polnischem Gebiet], in: »Biuletyn Głównej Komisji Badania Zbrodni Hitlerowskich w Polsce« Bd. XIII (1960).

Zylbersztajn, Samuel, Pamiętnik więźnia dziesięciu obozów koncentracyjnych [Erinnerungsbuch eines Häftlings von zehn Konzentrationslagern], in: »Biuletyn Żydowskiego Instytutu Historycznego« Nr. 68 (1968), S. 53–103.

Żmijewska-Wiśniewska, Anna, Zeznanie szefa krematorium Ericha Muhsfeldta na temat byłego obozu koncentracyjnego w Lublinie (Majdanek) [Die Aussage des Krematoriumschefs Erich Muhsfeldt über das ehemalige Konzentrationslager in Lublin (Majdanek)], in: »Zeszyty Majdanka« Bd. I (1965), S. 133–148.

3. Darstellungen

Allen, Michael T., The Business of Genocide. The SS, Slave Labor, and the Concentration Camps, Chapel Hill, London 2002.

Berenstein, Tatiana, Adam Rutkowski, Żydzi w obozie koncentracyjnym Majdanek (1941–1944) [Die Juden im Konzentrationslager Majdanek (1941–1944)], in: »Biuletyn Żydowskiego Instytutu Historycznego« Nr. 58 (1966), S. 3–57.

Broszat, Martin et al., Anatomie des SS-Staates, München 1967.

Browning, Christopher R., Ganz normale Männer. Das Reserve-Polizeibataillon 101 und die »Endlösung« in Polen, Reinbek bei Hamburg 1993.

Brustin-Berenstein, Tatiana, Martyrologia, opór i zagłada ludności żydowskiej w dystrykcie lubelskim [Martyrium, Widerstand und Vernichtung der jüdischen Bevölkerung im Distrikt Lublin], in: »Biuletyn Żydowskiego Instytutu Historycznego« Nr. 21 (1957), S. 21–92.

Büchler, Yehoshua, The Deportation of Slovakian Jews to the Lublin District of Poland in 1942, in: »Holocaust and Genocide Studies« Bd. 6 (1991), S. 151–166.

Dawidowicz, Lucy, Der Krieg gegen die Juden. 1933–1945, Wiesbaden 1979.

Dimension des Völkermordes. Die Zahl der jüdischen Opfer des Nationalsozialismus. Hrsg. von Wolfgang Benz, München 1991.

Eisenbach, Artur, Hitlerowska polityka zagłady Żydów [Die hitleristische Politik der Judenvernichtung], Warszawa 1961.

Encyclopedia of the Holocaust. Hrsg. von Israel Gutman, London 1990.

Encyclopedia of the Holocaust. Hrsg. von Robert Rozett und Shmuel Spector, Jerusalem 2000.

Fröbe, Rainer, Hans Kammler. Technokrat der Vernichtung, in: Ronald Smelser/Enrico Syring (Hrsg.), Die SS: Elite unter dem Totenkopf, 30 Lebensläufe, Paderborn et al. 2000, S. 305–319.

Gajowniczek, Jolanta, Choroby i epidemie. Rewir [Krankheiten und Epidemien. Das Revier], in: Majdanek 1941–1944. Hrsg. von Tadeusz Mencel, Lublin 1991, S. 195–225.

Goldhagen, Daniel J., Hitlers willige Vollstrecker. Ganz gewöhnliche Deutsche und der Holocaust, Berlin 1996.

Grabitz, Helge (Hg.), Täter und Gehilfen des Endlösungswahns. Hamburger Verfahren wegen NS-Gewaltverbrechen 1946–1996, Hamburg 1999.

Gutman, Yisrael, Social Stratification in the Concentration Camps, in: The Nazi Concentration Camps. Structure and Aims. The Image of the Prisoner. The Jews in the Camps. Hrsg. von Yisrael Gutman, Jerusalem 1984, S. 143–176.

Hilberg, Raul, Auschwitz and the Final Solution, in: Anatomy of the Auschwitz Death Camp. Hrsg. von Yisrael Gutman und Michael Berenbaum, Washington 1994, S. 81–92.

Hilberg, Raul, Die Vernichtung der europäischen Juden, 3 Bde, Frankfurt am Main 1994.

Kalthoff, Jürgen/Martin Werner, Die Händler des Zyklon B. Tesch & Stabenow. Eine Firmengeschichte zwischen Hamburg und Auschwitz, Hamburg 1998.

Karay, Felicja, Spór między władzami niemieckimi o żydowskie obozy pracy w Generalnej Guberni [Der Konflikt zwischen den deutschen Behörden über die Arbeitslager für Juden im Generalgouvernement], in: »Zeszyty Majdanka« Bd. XVIII (1997), S. 27–47.

Kasperek. Józef, Grabież mienia w obozie na Majdanku [Der Raub von Eigentum im Lager Majdanek], in: »Zeszyty Majdanka« Bd. VI (1972), S. 46–97.

85

Kiełboń, Janina, Migracje ludności w dystrykcie lubelskim w latach 1939–1944 [Die Bevölkerungsbewegungen im Lubliner Distrikt 1939–1944], Lublin 1995.

Kommuniqué der Polnisch-Sowjetischen Ausserordentlichen Kommission zur Untersuchung der von den Deutschen im Vernichtungslager Majdanek bei der Stadt Lublin begangenen Missetaten, Moskau 1944.

Kranz, Tomasz, Between Planning and Implementation: The Lublin District and Majdanek Camp in Nazi Policy, in: Larry V. Thompson (Hrsg.), Lessons and Legacies IV. Reflections on Religion, Justice, Sexuality, and Genocide, Evanston, Illinois 2003, S. 215–235.

Kranz, Tomasz, Das KL Lublin – zwischen Planung und Realisierung, in: Die nationalsozialistischen Konzentrationslager – Entwicklung und Struktur. Hrsg. von Ulrich Herbert, Karin Orth und Christoph Dieckmann, Göttingen 1998, Bd. 1, S. 363–389.

Kranz, Tomasz, Eksterminacja Żydów na Majdanku i rola obozu w realizacji »Akcji Reinhardt« [Die Vernichtung der Juden in Majdanek und dessen Rolle bei der Umsetzung der »Aktion Reinhardt«], in: »Zeszyty Majdanka« Bd. XXII (2003), S. 7–55.

Kranz, Tomasz, Zur Erfassung der Häftlingssterblichkeit im Konzentrationslager Lublin, Lublin 2007.

Kryl, Miroslav, Deportationen von Theresienstadt nach Majdanek, in: »Theresienstädter Studien und Dokumente« (1994), S. 74–89.

Kuwałek, Robert, Die Durchgangsghettos im Distrikt Lublin (u. a. Izbica, Piaski, Rejowiec und Trawniki), in: Bogdan Musial (Hrsg.), »Aktion Reinhardt«. Der Völkermord an den Juden im Generalgouvernement 1941–1944, Osnabrück 2004, S. 197–232.

Kuwałek, Robert, Zbrodnie w lesie krępieckim w świetle zeznań świadków [Verbrechen im Wald bei Krępiec im Lichte der Zeugenaussagen], in: »Zeszyty Majdanka« Bd. XXI (2001), S. 277–306.

Kuwałek, Robert, Żydzi lubelscy w obozie koncentracyjnym na Majdanku [Die Lubliner Juden im Konzentrationslager Majdanek], in: »Zeszyty Majdanka« Bd. XXII (2003), S. 77–120.

Leszczyńska, Zofia, Kronika obozu na Majdanku [Chronik des Lagers Majdanek], Lublin 1980.

Leszczyńska, Zofia, Stany liczbowe więźniów obozu koncentracyjnego na Majdanku [Die Häftlingszahlen im Konzentrationslager Majdanek], in: »Zeszyty Majdanka« Bd. VII (1973), S. 5–34.

Leszczyńska, Zofia, Transporty i stany liczbowe obozu, in: Majdanek 1941–1944 [Die Transporte und Personenstände des Lagers]. Hrsg. von Tadeusz Mencel, Lublin 1991, S. 93–128.

Leszczyńska, Zofia, Transporty więźniów do obozu koncentracyjnego na Majdanku 1941–1944 [Die Häftlingstransporte ins Konzentrationslager Majdanek], in: »Zeszyty Majdanka« Bd. IV (1969), S. 174–236.

Lichtenstein, Heiner, Majdanek. Reportage eines Prozesses, Frankfurt am Main 1979.

Majdanek 1941–1944. Hrsg. von Tadeusz Mencel, Lublin 1991.

Mańkowski, Zygmunt, Między Wisłą a Bugiem. Studium o polityce okupanta i postawach społecznych [Zwischen Weichsel und Bug. Studie zur Politik der Besatzer und zur Haltung der Bevölkerung], Lublin 1978.

Marszałek, Józef, Budowa obozu koncentracyjnego i ośrodka masowej zagłady na Majdanku w latach 1942–1944 [Der Bau des Konzentrationslagers und Massenvernichtungszentrums in Majdanek 1942–1944], in: »Zeszyty Majdanka« Bd. IV (1969), S. 21–90.

Marszałek, Józef, Geneza i początki budowy obozu koncentracyjnego na Majdanku

[Genese und Anfänge des Baus des Konzentrationslagers Majdanek], in: »Zeszyty Majdanka« Bd. I (1965), S. 15–75.

Marszałek, Józef, Majdanek. Konzentrationslager Lublin, Warszawa 1984.

Marszałek, Józef, Obozy pracy w Generalnym Gubernatorstwie w latach 1939–1945 [Die Arbeitslager im Generalgouvernement 1939–1945], Lublin 1998.

Marszałek, Józef, Stan badań nad stratami osobowymi ludności żydowskiej Polski oraz nad liczbą ofiar obozów zagłady w okupowanej Polsce [Der Forschungsstand zu den Menschenverlusten unter der jüdischen Bevölkerung Polens sowie zur Opferzahl der Vernichtungslager im besetzten Polen], in: »Dzieje Najnowsze« Nr. XXVI, H. 2 (1994), S. 33–40.

Marszałek, Józef, Żydzi warszawscy w Lublinie i na Lubelszczyźnie w latach 1940–1944 [Warschauer Juden in Lublin und Region 1940–1944], in: Żydzi w Lublinie. Materiały do dziejów społeczności żydowskiej Lublina. Hrsg. von Tadeusz Radzik, Lublin 1995, S. 257–271.

Murawska, Zofia, Kobiety w obozie koncentracyjnym na Majdanku [Frauen im Konzentrationslager Majdanek], in: »Zeszyty Majdanka« Bd. IV (1969), S. 91–173.

Murawska, Zofia, Warunki egzystencji więźniów [Die Existenzbedingungen der Häftlinge], in: Majdanek 1941–1944. Hrsg. von Tadeusz Mencel, Lublin 1991, S. 129–169.

Musial, Bogdan, Deutsche Zivilverwaltung und Judenverfolgung im Generalgouvernement. Eine Fallstudie zum Distrikt Lublin 1939–1944, Wiesbaden 1999.

Obozy hitlerowskie na ziemiach polskich 1939–1945. Informator encyklopedyczny [Die hitleristischen Lager auf polnischem Gebiet 1939–1945. Enzyklopädisches Verzeichnis], Warszawa 1979.

Otto, Reinhard, SS und sowjetische Kriegsgefangene. Ergebnisse der Recherchen in Archiven der ehemaligen Sowjetunion, in: Rolf Keller/Karl Liedke (Hrsg.), Kriegsgefangene der Wehrmacht 1939–1945 – Forschung und Gedenkstättenarbeit in Deutschland und Polen, Hannover 2004, S.125–136.

Perz, Bertrand, Thomas Sandkühler, Auschwitz und die »Aktion Reinhardt« 1942–1945. Judenmord und Raubpraxis in neuer Sicht, in: »Zeitgeschichte« H. 5 (1999), S. 283–316.

Pohl, Dieter, Von der »Judenpolitik« zum Judenmord. Der Distrikt Lublin des Generalgouvernements 1939–1944, Frankfurt am Main 1993.

Pohl, Dieter, Die großen Zwangsarbeitslager der SS- und Polizeiführer für Juden im Generalgouvernement 1942–1945, in: Die nationalsozialistischen Konzentrationslager – Entwicklung und Struktur. Hrsg. von Ulrich Herbert, Karin Orth und Christoph Dieckmann, Göttingen 1998, Bd. 1, S. 415–438.

Poprzeczny, Joseph, Odilo Globocnik. Hitler's Man in the East, North Carolina, and London 2004.

Prawda o Majdanku [Die Wahrheit über Majdanek], Lublin 1944.

Pressac, Jean-Claude, K.L. Lublin – Majdanek, in: Truth Prevails. Demolishing Holocaust Denial: The End of »the Leuchter Report«. Hrsg. von Shelly Shapiro, New York, London 1990, S. 49–58.

Pucher, Sebastian, »... in der Bewegung führend tätig.« Odilo Globocnik – Kämpfer für den »Anschluß«, Klagenfurt 1997.

Rajca, Czesław, Eksterminacja bezpośrednia [Die direkte Vernichtung], in: Majdanek 1941–1944. Hrsg. von Tadeusz Mencel, Lublin 1991, S. 253–275.

Rajca, Czesław, Die Häftlinge aus Theresienstadt im KZ Majdanek, in: Theresienstadt in der »Endlösung der Judenfrage«, Praha 1992, S. 240–244.

Rajca, Czesław, Problem liczby ofiar w obozie na Majdanku [Das Problem der Opferzahl im Lager Majdanek], in: »Zeszyty Majdanka« Bd. XIV (1992), S. 129–132.

Rückerl, Adalbert, NS-Vernichtungslager im Spiegel deutscher Strafprozesse. Belzec, Sobibor, Treblinka, Chelmno, München 1978.

Rutkowski, Adam, Majdanek, in: Nationalsozialistische Massentötungen durch Giftgas. Eine Dokumentation. Hrsg. von Eugen Kogon et al., Frankfurt am Main 1983, S. 241–245.

Schäfer, Jürgen, Kurt Gerstein – Zeuge des Holocaust. Ein Leben zwischen Bibelkreisen und SS, Bielefeld 1999.

Scheffler, Wolfgang, Chełmno, Sobibór, Bełżec und Majdanek, in: Der Mord an den Juden im Zweiten Weltkrieg. Hrsg. von Eberhard Jäckel und Jürgen Rohwer, Stuttgart 1985, S. 145–151.

Schelvis, Jules, Vernichtungslager Sobibór, Hamburg 2003.

Schwarberg, Günther, Der Juwelier von Majdanek. Geschichte eines Konzentrationslagers, Göttingen 1981.

Schwindt, Barbara, Das Konzentrations- und Vernichtungslager Majdanek. Funktionswandel im Kontext der »Endlösung«, Würzburg 2005.

Schwindt, Barbara, Dzieci żydowskie w obozie koncentracyjnym na Majdanku w 1943 r. [Die jüdischen Kinder im Konzentrationslager Majdanek im Jahr 1943], in: »Zeszyty Majdanka« Bd. XXII (2003), S. 57–76.

Tarkowski, Krzysztof A., Transport Żydów z getta warszawskiego z 15 sierpnia 1942 roku [Der Judentransport aus dem Warschauer Ghetto vom 15. August 1942], in: »Zeszyty Majdanka« Bd. XXI (2001), S. 247–275.

Tarkowski, Krzysztof A., Transporty więźniów przybywające do obozu na Majdanku jesienią 1942 roku. Analiza numeracji więźniów [Die Häftlingstransporte ins Lager Majdanek vom Herbst 1942. Analyse der Numerierung der Häftlinge], in: »Zeszyty Majdanka« Bd. XXII (2003), S. 305–364.

Taube, Georg, Das SS Zwangsarbeitslager am alten Flughafen Lublin, Hamburg 1973 [Typoskript].

Weiss, Aharon, Categories of Camps – Their Character and Role in the Execution of the Final Solution of the Jewish Question«, in: The Nazi Concentration Camps. Structure and Aims. The Image of the Prisoner. The Jews in the Camps. Hrsg. von Yisrael Gutman, Jerusalem 1984, S. 115–132.

Wetzel, Juliane, Frankreich und Belgien, in: Die Zahl der jüdischen Opfer des Nationalsozialismus. Hrsg. von Wolfgang Benz, München 1991, S. 105–135.

White, Elisabeth B., Majdanek. Cornerstone of Himmler's SS Empire in the East, in: »Simon Wiesenthal Center Annual« Bd. 7 (1990), S. 3–21.

Witte, Peter, Stephen Tyas, A New Document on the Deportation and Murder of Jews during »Einsatz Reinhardt« 1942, in: »Holocaust and Genocide Studies« Bd. 15, Nr. 3, Winter 2001, S. 468–486.

Illustrationen

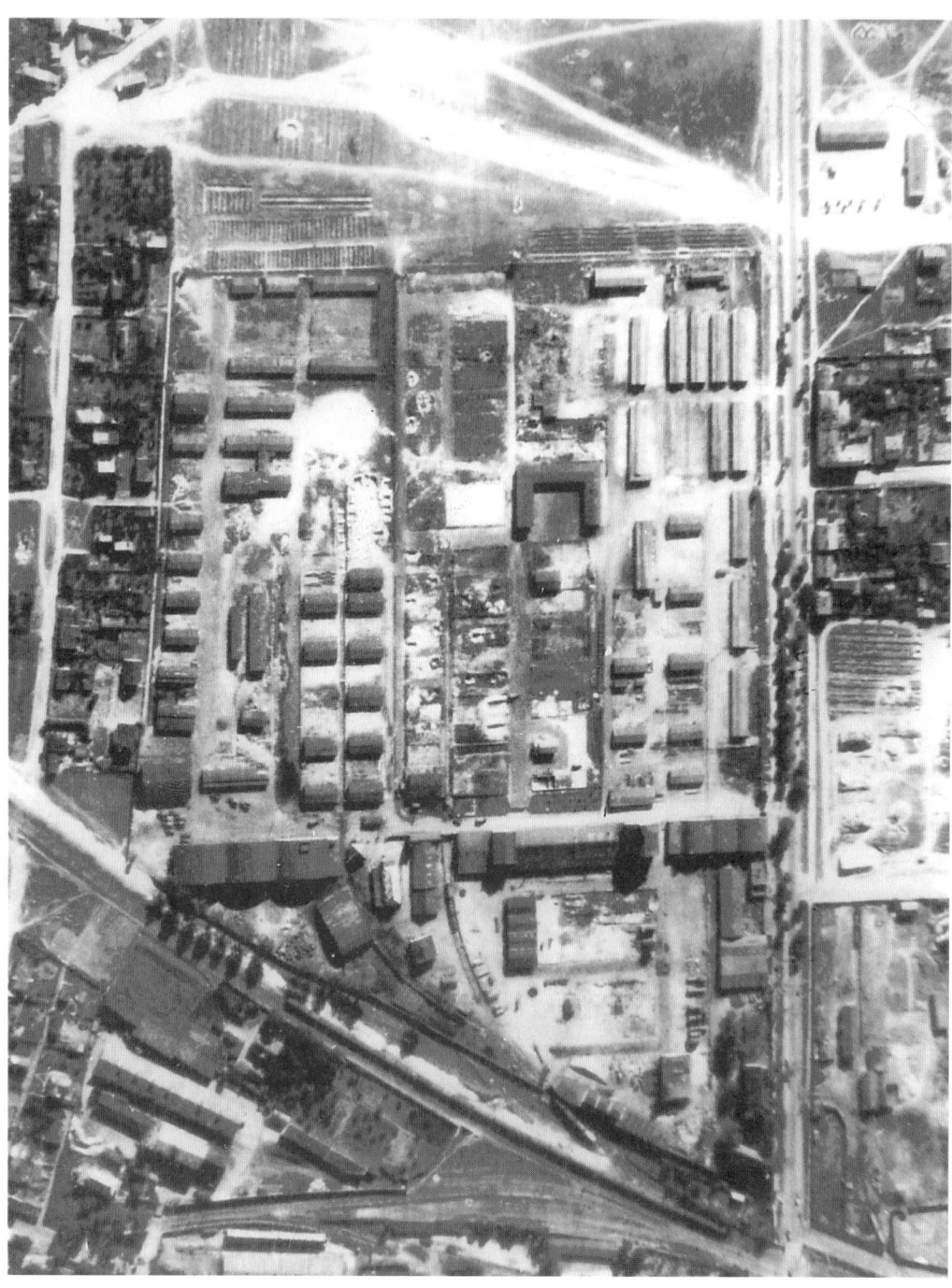

Abb. 1. Arbeitslager und Sortiermagazine auf dem Gebiet der Mechanischen Werke Plage und Laśkiewicz an der Wrońska-Straße in Lublin (»Flugplatz«). Unten die Bahnrampe, auf der die Züge mit den für Majdanek vorgesehenen Häftlingen sowie den im Rahmen der »Aktion Reinhardt« in den Distrikt Lublin deportierten Juden hielten.

Abb. 2. Luftaufnahme des Konzentrationslagers Lublin nicht ganz zwei Monate nach seiner Auflösung (18. September 1944). Im unteren Bereich die Straße nach Chełm und Zamość (heute ul. Droga Męczenników Majdanka), im Vordergrund das Häftlingslager (sog. »Schutzhaftlager«) sowie ein Teil des Wirtschaftsbereiches mit den Magazinen und Werkstätten.

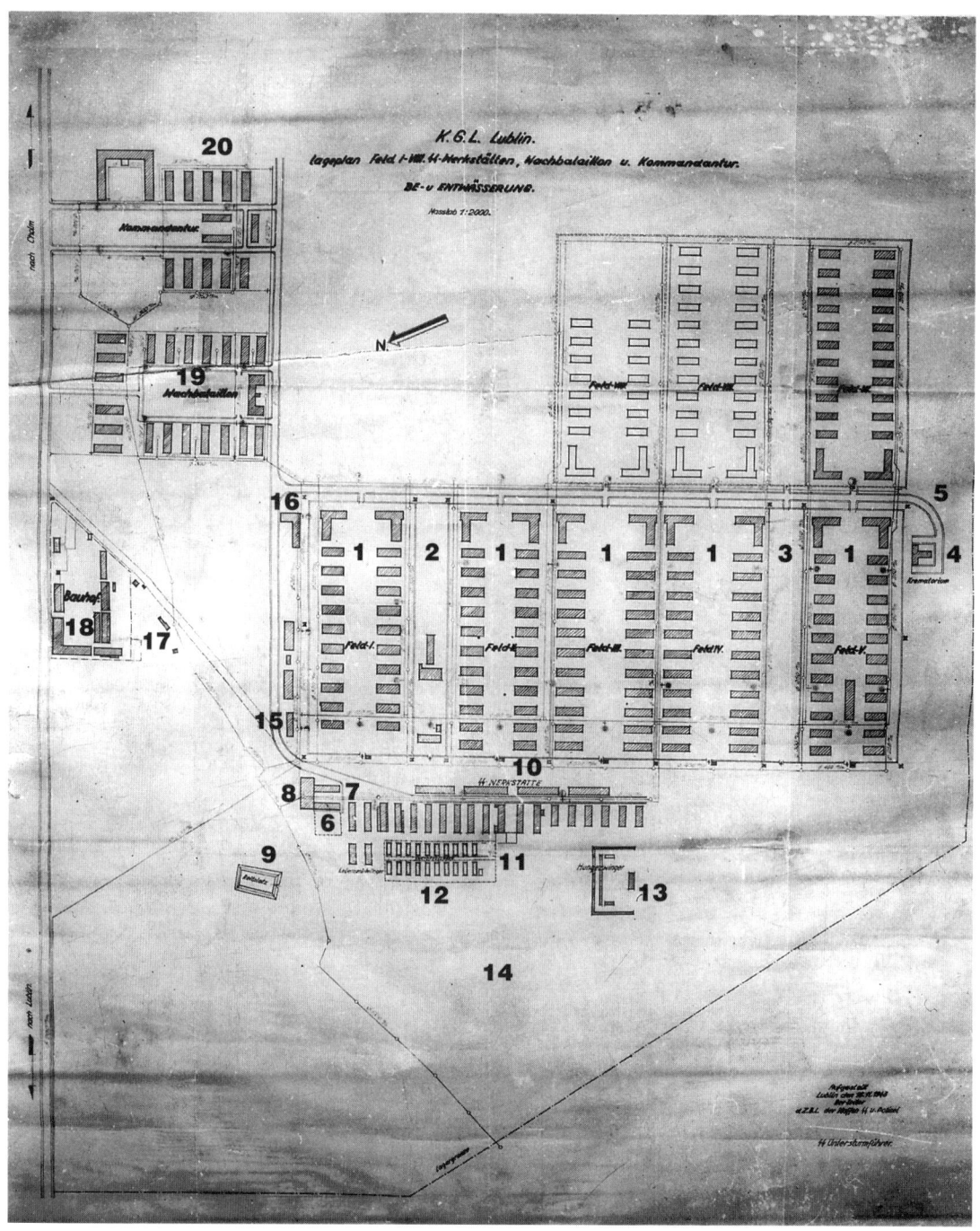

Abb. 3. Plan des Lagers vom 16. November 1943, auf dem die Mitarbeiter der Zentralbauleitung der Waffen-SS und Polizei Lublin, zuständig für die Vorbereitung der technischen Dokumentation und die Koordinierung der Bauarbeiten in Majdanek, den Selektionsplatz (»Rosengarten«) kennzeichneten.

Legende zum Lagerplan (Abb. 3):

1) Häftlingsfelder mit den Wohnbaracken für die Häftlinge
2) Zwischenfeld I mit dem so genannten »Alten Krematorium«, einem Schuppen für die Aufbewahrung der Leichen, der Wäscherei und dem Trockenraum
3) Zwischenfeld II (Brennstofflagerplatz, genannt auch »Kohlenfeld«)
4) Krematorium
5) Ort des Massakers an den Juden am 3. November 1943
6) Selektionsplatz (»Rosengarten«)
7) Bäder
8) Überdachung und Bunker mit den Gaskammern
9) Schießstand (vorher Reitbahn)
10) Werkstätten
11) Magazine
12) Gemüsemieten
13) Hundezwinger
14) Gemüsegärten (Gärtnerei)
15) Schreibstube der Abteilung III (Schutzhaftlager)
16) Wohnbaracke der SS-Aufseherinnen
17) Wohngebäude (zeitweise vom Schutzhaftlagerführer genutzt)
18) Lager für Baumaterial (Bauhof)
19) Quartiere der SS-Wachmannschaft
20) Büros des Kommandanturstabs

Abb. 4. Das Lager von der Gärtnerei aus gesehen (August 1944). In der Mitte links der Selektionsplatz (»Rosengarten«), die Bäder und das Dach über dem Bunker mit den Gaskammern, rechts das »Alte Krematorium« und der Leichenschuppen.

Abb. 5. Zwischenfeld II vom Eingang aus gesehen. In der Mitte eine Kohlenhalde zur Befeuerung der Öfen des nahen Krematoriums neben Feld V (1944). Im Frühjahr 1943 wurden hier die Transporte von Juden aus dem Warschauer Ghetto über viele Stunden festgehalten und anschließend Selektionen für die Gaskammern unterzogen.

Abb. 6. Ausschnitt von Häftlingsfeld V, im Hintergrund links die Baracken, in denen ab Mai 1943 für kurze Zeit ein Teil der jüdischen Kinder von den neu ankommenden Transporten untergebracht wurden, bevor man sie in der Gaskammer ermordete (1944).

Abb. 7. Bunker mit den Gaskammern und der bereits fertig gestellten Überdachung (Sommer 1942).

Abb. 8. Gaskammer im Westteil des Bunkers und die Kabine des SS-Manns, in der sich die mit Kohlenmonoxyd befüllten Stahlflaschen befanden. Auf der Aufnahme sind ein Teil der Überdachung und die Stacheldrahtumzäunung zu sehen, sowie hölzerne Podeste, die den Ausgang der Frauenbadebaracke mit den Kammern im Bunker verbanden.

Abb. 9. Inneres der Gaskammer im Westteil des Bunkers mit dem Metallrohr zur Einleitung des Kohlenmonoxyds.

Abb. 10. Kohlenmonoxydflaschen mit dem Namen der Berliner Firma »Schönerwein und Brenen«.

Abb. 11. Zyklon B, ein Zyanwasserstoff enthaltendes Giftgas, wurde bei der Desinfektion von Baracken und Kleidung, aber auch zur Ermordung von Menschen eingesetzt.

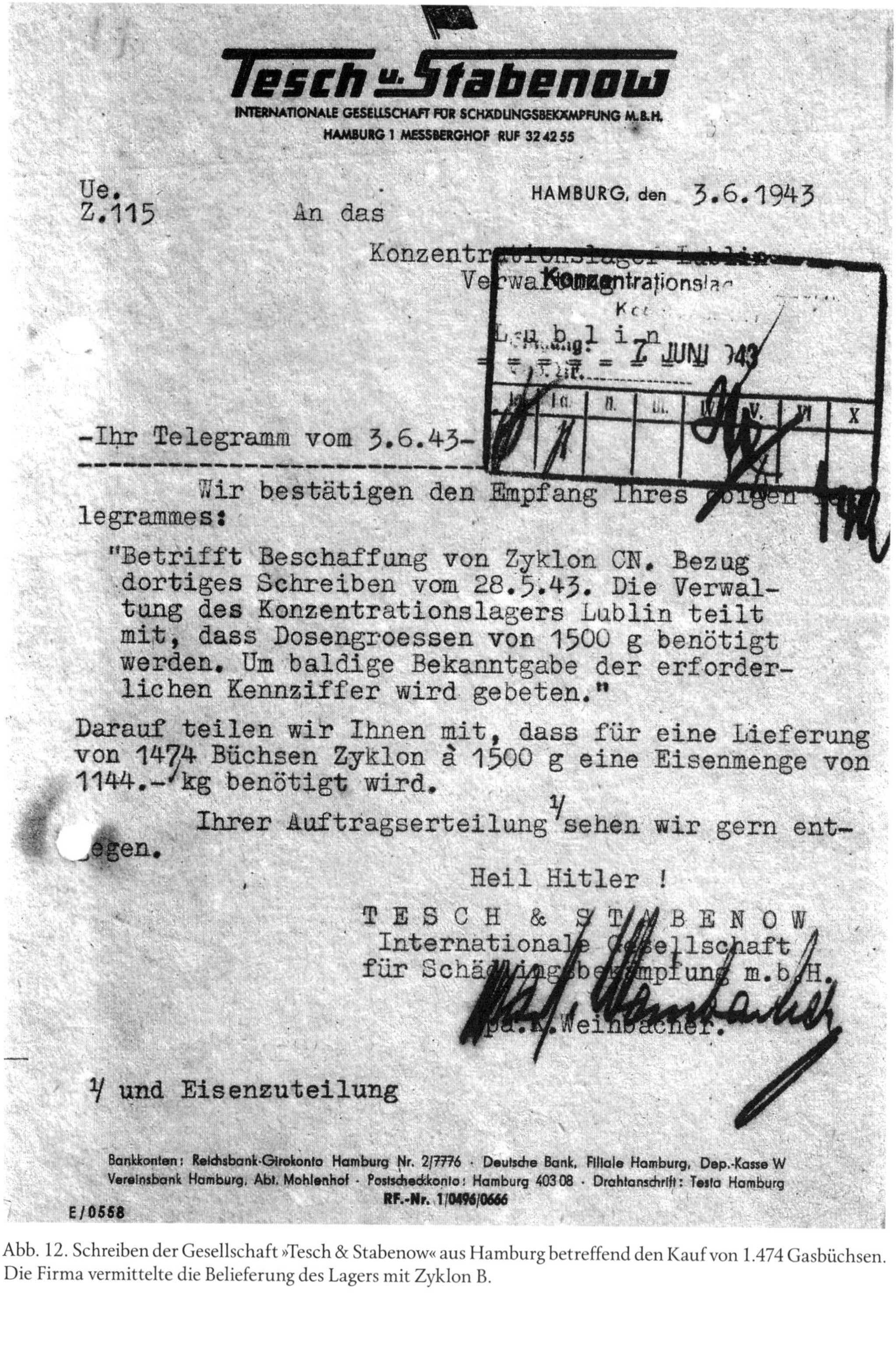

Tesch u. Stabenow

INTERNATIONALE GESELLSCHAFT FÜR SCHÄDLINGSBEKÄMPFUNG M.B.H.

HAMBURG 1 MESSBERGHOF RUF 32 42 55

Ue.
Z.115   An das   HAMBURG, den 3.6.1943

Konzentrationslager Lublin
Verwaltung

[Eingangsstempel: Konzentrationslager Lublin — 7. JUNI 1943]

-Ihr Telegramm vom 3.6.43-

    Wir bestätigen den Empfang Ihres folgen Telegrammes:

"Betrifft Beschaffung von Zyklon CN. Bezug dortiges Schreiben vom 28.5.43. Die Verwaltung des Konzentrationslagers Lublin teilt mit, dass Dosengroessen von 1500 g benötigt werden. Um baldige Bekanntgabe der erforderlichen Kennziffer wird gebeten."

Darauf teilen wir Ihnen mit, dass für eine Lieferung von 1474 Büchsen Zyklon à 1500 g eine Eisenmenge von 1144.- kg benötigt wird.

    Ihrer Auftragserteilung[1] sehen wir gern ent-
gegen.

        Heil Hitler !

      T E S C H & S T A B E N O W
      Internationale Gesellschaft
      für Schädlingsbekämpfung m.b.H.

      pa. K. Weinbacher.

[1] und Eisenzuteilung

Bankkonten: Reichsbank-Girokonto Hamburg Nr. 2/7776 · Deutsche Bank, Filiale Hamburg, Dep.-Kasse W
Vereinsbank Hamburg, Abt. Mohlenhof · Postscheckkonto: Hamburg 403 08 · Drahtanschrift: Testa Hamburg
RF.-Nr. 1/0496/0666

E/0558

Abb. 12. Schreiben der Gesellschaft »Tesch & Stabenow« aus Hamburg betreffend den Kauf von 1.474 Gasbüchsen. Die Firma vermittelte die Belieferung des Lagers mit Zyklon B.

Abb. 13. Etikett einer Zyklon-B-Büchse.

6.) Die Verwaltung stellt für das Wechseln der Bekleidung entsprechende Garnituren zur Verfügung, soweit Uniformstücke nicht ausreichen, können von den vorhandenen Zivilkleidern, insbesondere an die Ukrainer, solche ausgegeben werden.

7.) Für die Gaskammer ist der SS-Oberscharführer E n d r e s verantwortlich, er fordert von Abteilungen die Bekleidung an, die Verantwortlichen haben für pünktliche Herbeischaffung Sorge zu tragen.

8.) Bis auf weiteres werden sämtliche Häftlinge aus dem Küchen- und Kantinenbetrieb herausgezogen und durch SS-Männer besetzt.

9.) Die Heranschaffung von Lebensmitteln usw. aus der Stadt geschieht durch ein besonders dafür abgestelltes SS-Kommando.

lo.) Die Abteilungsführer melden mir sofort die SS-Männer, die unbedingt zu Besorgungen in die Stadt müssen, diese erhalten einen von mir unterzeichneten Erlaubnisschein, mit dem Erlaubnisschein gehen die Betreffenden zum Lagerarzt, der die Entscheidung trifft, ob gegen das Passieren der Lagergrenze Bedenken bestehen oder nicht.

11.) Alle Schlagbäume sind zu besetzen und ist von den Posten schärfste Kontrolle durchzuführen. Der Sturmbann stellt entsprechende Streifen, damit Keiner ohne Kontrollschein das Lager verlassen oder betreten kann, ein Unterführerstreifenposten ist auf der Cholmer-strasse einzusetzen.
Besonderes Augenmerk ist auf die Ukrainer zu richten, damit diese keinesfalls das Lager verlassen, um sich wie bisher in die Wohnungen von Polen zu begeben.

12.) Zur Bekämpfung der aufgetretenen Seuche hat jeder SS-Angehörige so mitzuarbeiten, als gelte es einen Feind zu vernichten, wer die getroffenen Anordnungen umgehen sollte, den werde ich SS-gerichtlich belangen.

13.) Für die Familienangehörigen der SS-Führer und -Männer, die zum KGL. Lublin gehören, habe ich ein besonderes Merkblatt herausgegeben, dieses wird den in Frage kommenden durch eine Ordonnanz gegen Quittung ausgehändigt. Solche Angehörige, die meinen Anordnungen nicht nachkommen, werde ich entsprechend zur Rechenschaft ziehen. Gegebenenfalls werde ich beim SS- und Polizeiführer Zurückziehung der Aufenthaltsgenehmigung erwirken.

14.) Jeder helfe von sich aus mit, der aufgetretenen Gefahr Herr zu werden, damit weitere Krankheitsfälle vermieden werden und die Lagersperre wieder aufgehoben werden kann.

Verteiler:

SS-WVHA. Amt D	2 St.	
SS-u.Polizeiführer, Lublin	2 "	
SS-Wirtschafter, Krakau	2 "	
Abt. I, II, III, IV, V, VI,	6 "	
Arbeitseinsatz	1 "	
Lageringenieur	1 "	
Fahrbereitschaft	1 "	
Leiter d.Schutzhundestaffel	1 "	
W.u.G.	1 "	
Vermittlung	1 "	
Funkstelle	1 "	
Oberaufseherin FKL., Lublin	1 "	
Bauleitung KGL., Lublin	1 "	
SS-T.Sturmbann	4 "	
SS-Hstuf. Langleist	1 "	
Poststelle	1 "	
Reserve	2 "	zusammen = 28 St.

Der Lagerkommandant
m.d.W.d.G.b.

SS-Hauptsturmführer.

Abb. 14. Ausschnitt des Befehls des Kommandanten von 6. Januar 1943 mit der Information, dass die für die Gaskammer verantwortliche Person Oberscharführer Anton Endres ist (Punkt 7).

Arbeitseinsatz   Lublin,den.

Aussenkommandos:

Hauptnachschublager I.	120	Pantli
Hauptnachschublager II.	9+1	Stodker
Ablader Bahn	40	Gerber
Sägewerk Piaski	11	Ewinger
Landwirtschaftliche Zentralstelle I	60	Gebhardt
Landwirtschaftliche Zentralstelle II	20	Wagner
SS-Standortkommandantur	10	Poor
Heeres-Schießstand	98+2	Fandrcih,Hell
Abbruchkommando altes Ghetto	50	Barth	418+3

II.

1/ Innerhalb der Postenkette:

Bauleitung:

Brausebaracke F.I.	19+1	810
Brunnenbau Bereich	8	15675
	15	Tempel	42+1

2/   ...wirtschaft:

	14+2	Reuss
Krematorium	6	11028
Turmreinigungskommando	3	Jaschkowski
Reinigung Abteilung II u.III	2	11628
Latrinenreiniger	4	14126
Wasserleitungsarbeiten	15+1	199
Jauchefahrer	12	14097
Lagertischlerei F.III	5	15032	61+3

3/   Lagerzwecke:

Wohnung des Kommandanten	14+2	Hein
Schießstand	23+2	Brandenburg
Lagerreinigungskommando	9+1	340
Desinfektionsauto	17	Biedermann
Gaskammer	11	Getz
Bad	18	Getz
Pferdestall	5	5009
Abteilung II	12	Jachalski
Abteilung III	2	12476
Arbeitseinsatz	10+1	50
Truppenrevier	5	Nowak
Müllabfuhr	15	4046
Gärtnereiarbeiten	10	5305	151+6

Übertrag:

Abb. 15. Bericht über den Arbeitseinsatz von Häftlingen eines Häftlingsfelds vom 1. September 1943, aus dem hervorgeht, dass an der Bedienung der Gaskammern 11 Personen beteiligt waren.

Abb. 16. Krematoriumsöfen und Urnen, in denen den Angehörigen, meist nur von deutschen Staatsbürgern, die Asche der Verstorbenen gesandt wurde.

Abb. 17. Kfz-Fahrgestelle, die als Rost bei der Verbrennung der Körper der Gestorbenen und Ermordeten dienten.

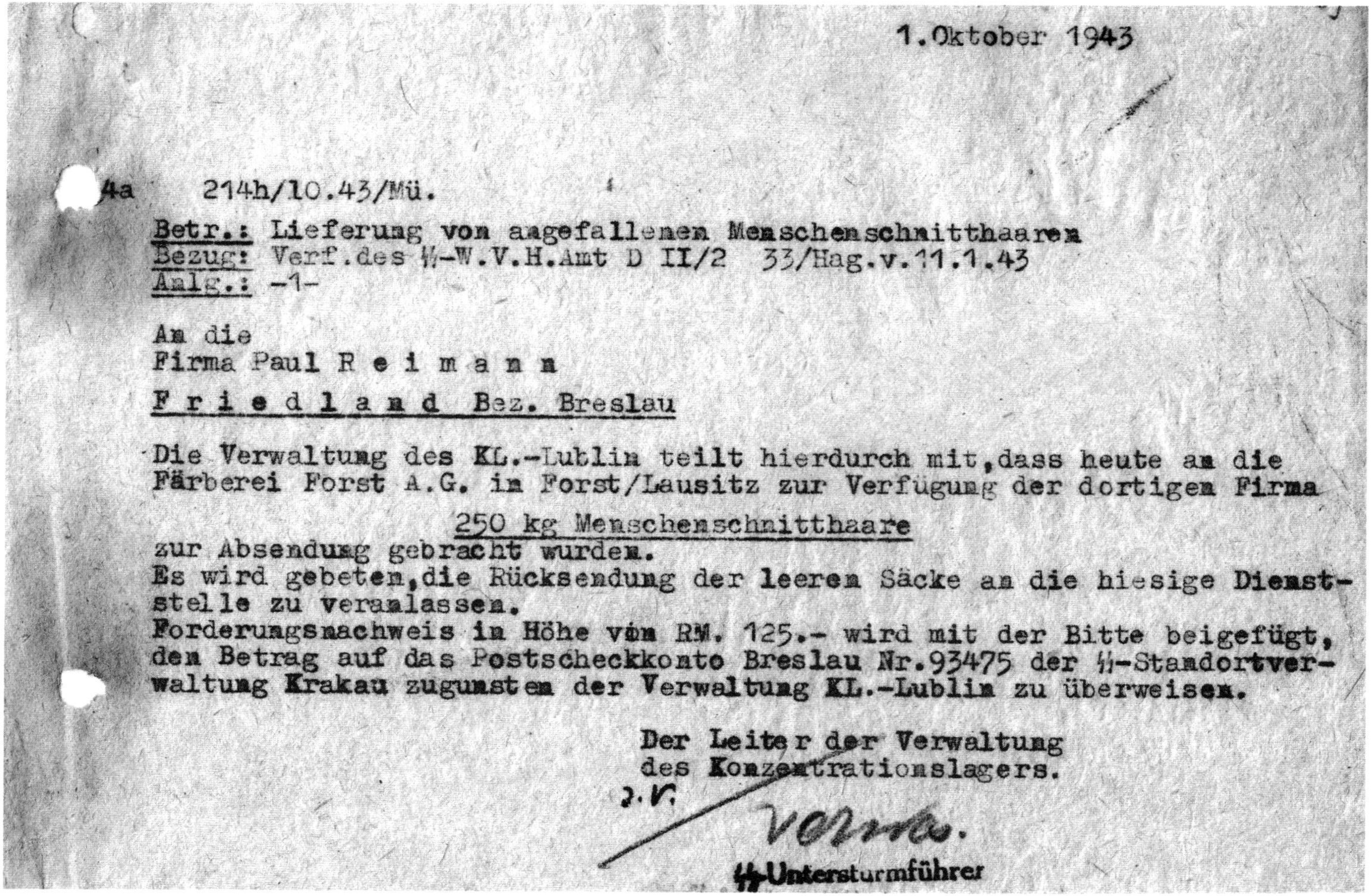

4a

1.Oktober 1943

214h/10.43/Mü.

Betr.: Lieferung von angefallenen Menschenschnitthaaren
Bezug: Verf.des W-W.V.H.Amt D II/2 33/Hag.v.11.1.43
Anlg.: -1-

An die
Firma Paul Reimann
Friedland Bez. Breslau

Die Verwaltung des KL.-Lublin teilt hierdurch mit,dass heute an die
Färberei Forst A.G. in Forst/Lausitz zur Verfügung der dortigen Firma

250 kg Menschenschnitthaare

zur Absendung gebracht wurden.
Es wird gebeten,die Rücksendung der leeren Säcke an die hiesige Dienststelle zu veranlassen.
Forderungsnachweis in Höhe von RM. 125.- wird mit der Bitte beigefügt,
den Betrag auf das Postscheckkonto Breslau Nr.93475 der W-Standortver-
waltung Krakau zugunsten der Verwaltung KL.-Lublin zu überweisen.

Der Leiter der Verwaltung
des Konzentrationslagers.

J.V.
Volke.
W-Untersturmführer

Abb. 18. Eine von der Verwaltung des KZ Majdanek ausgestellte Rechnung über 250 kg Haare, die den Häftlingen abgeschoren und einer auf deren Verarbeitung spezialisierten Firma geliefert wurden.

764.	Feldmann Alex.	1904	D.Mladonice
765.	Kreiner Salamon	1900	Krupina
766.	Polaček Daniel	1910	"
767.	Spitzer Vojtech	1906	"
768.	Szecsi Oto	1910	Merovce
769.	--		
770.	Berger Simon	1897	Krupina
771.	Herzog Armin	1903	Krnišov
772.	Sušičký Zigmund	1890	Nemce
773.	Sušicky Alex.	1884	"
774.	Altmann Peter	1924	Kremnica
775.	---		
776.	Erney Karol	1922	"
777.	Freud Julius	,1902	"
778.	Freud Eugen	1905	"
779.	Hirsch Oto	1898	"
780.	Hormung Walter	1921	"
781.	Holzmann Jozef	1902	"
782.	Meisel Ervín	1925	"
783.	Pollak Dezider	1916	"
784.	Štastný Ján	1922	"
786.	Spitz Ernest	1920	Likier
787.	Wohlstein Artur	1922	Kremnica
788.	Lenárt Dionyz	1912	Žilina
789.	Kohn Julius	1898	2
790.	Spitzer Arnost	1921	Tašovské Podhradie
791.	Spitzer Walter	1921	"
792.	Kohn Alexander	1915	Vrutky
793.	Meisel Eugen	1912	Jastrabe
794.	Gelb Maxmilian	1907	Kremnica

Abb. 19. Fragmente einer Transportliste mit den Namen slowakischer Juden, die am 31. März 1942 aus dem Sammellager in Nováký deportiert wurden. Unter Position 788 ist Dionyz Lenárt verzeichnet, der Anfang Juni 1942 aus Majdanek flüchtete und kurz danach einen umfangreichen Bericht über seinen Lageraufenthalt schrieb.

Približné rozmery tábora uvidíš z priloženého náčrtku. Čo'sa na-
kresliť nedalo, to Ti vysvetlím písomne. Tábor bol rozdelený na
t.zv. pole /Feld/ a pozostával z dosti veľkého dvora, po stra-
nách ktorého ležala po 10 barákoch za sebou, okrem toho frontálne
naproti vchodu barák, v ktorom bola umiestnená kuchyna. Z týchto
20 barákov bolo 17 používaných ako obydlie, v každom po 450 mužov
/ ženy v lublinskom tábore neboly , za to však chlapci od 15 rokov/
jeden barák bol lazaret a obydlie lekárov, jeden bol používaný
ako sklad a ako krajčírska a obuvnícka dielna a posledný ako kan-
celária tábora. Tento Feld bol obohnaný trojnásobnou dortenou
prekážkou z ostatného drôtu, elektrinou však nabitý nebol, ako sa tu
mnohí mylne domnievajú. V jednom baráku bola na ložku aj slama,
vlastne primitívne slamníky a síce v tom, v ktorom boli Capo, predáš
ci takto zvaní a regrutovaní z našich rad. Na ľavo od kuchyne bola
ešte jedna budova postavená z tehál, ktorá slúžila za kúpelnu.
Naše baráky boly z dreva zo štandartizovaných kusov bez izolácie,
postavené na nabitých koloch, drevených pilotoch, poneváč tamojšia
pôda je veľmi vlhká. V blízkosti tábora, totiž za vchodom, na
ľavej strane, keď sa z tábora vychádza, je kasáreň Litvancov a
Ukrajincov, SS mala kasárne v meste Lublinc. Medzi každým polom
a nasledujúcim, ktoré sú zriadené na ten istý spôsob, je asi 2
metrová medzera, akýsi chodník, ktorý slúži pre stráže, ktoré tu
prechádzajú. Neskoršie vybudovaná bola ešte jedna kúpelňa, od predoš-
lej trošku dokonalejšia. Nad každým polom svieti v noci niekoľko
reflektorov, okrem toho je okolo každého po 4 vežách pre strojné
pušky. Tým zdá sa byť vyčerpaný popis vonkajšieho výzoru lublinského
tábora. Ináč je však to, že kým na troch poľach sú baráky
stavené na spôsobom mnou opísaných boly na ostatných trp stajno-
vého. Okien na týchto poslednejších nebolo, iba hore blízko stre-
chy úzka obdialniková svetlo o rozmere asi 20-40 cm, a miesto
dverí opatrené boly bránami na ktorých nabyté boly z nútra emai -
lové tabulky ako sa pamätám približne tohoto obsahu " laut Veteri-
närverordnung Nr. dürfen rende verdächtige Pferde nicht unter -
gebracht werden, diese sind zuerst zum Veterinärarzt zwecks
Untersuchung zu stellen. " Ináč všetky tieto súčastky sú s Magde-
burgu signované a dva vagoni zásielok tvoria jeden barak.

Druhého dňa sme ešte neboli zasvätení do chodu táborového života
a preto sme aj neskoršie stali, než príslušníci žilinského
transportu. Bolo treba nás najprv vhodne pripravovať.
Asi o 9 hodine boli sme postupne po 50 s celou batožinou pred -
vádzaní na dvor a odtiaľ do kancelárie kde sa odohrala táto pro -
cedúra .
Pri vchode dostal každý plech vo velkosti 8 x 3 cm s na ňom
vritým číslom zároveň s upozornením dať naň pozor,lebo pri prvej
ztrate dostane 25 korbáčom na zadok, pri druhej 50 úderov a pri
tretej ztrate, že nás zastrelia.

Na okraj týchto plieškov prevedený bol drôt pomocou ktorého kxuxm
xłużanáxbałyxzxčrxch trajuhxalnikxrxzxŝíxákxxxŝxxxxnáku sme plech
na zápästí pripevnili.
Dostali sme tiež hviezdy velkosti asi našichm tieto složené boly
z dvoch trojuholníkov zo žlteho a červeného , prvý značil, že sme
Žídia, druhý, že sme politický nespoľahlivý.

Abb. 20. Fragment einer Abschrift des Berichts von Dionyz Lenárt in slowakischer Sprache, in dem die Wohnbaracken und Aufnahmeprozedur der neuen Häftlinge beschrieben werden.

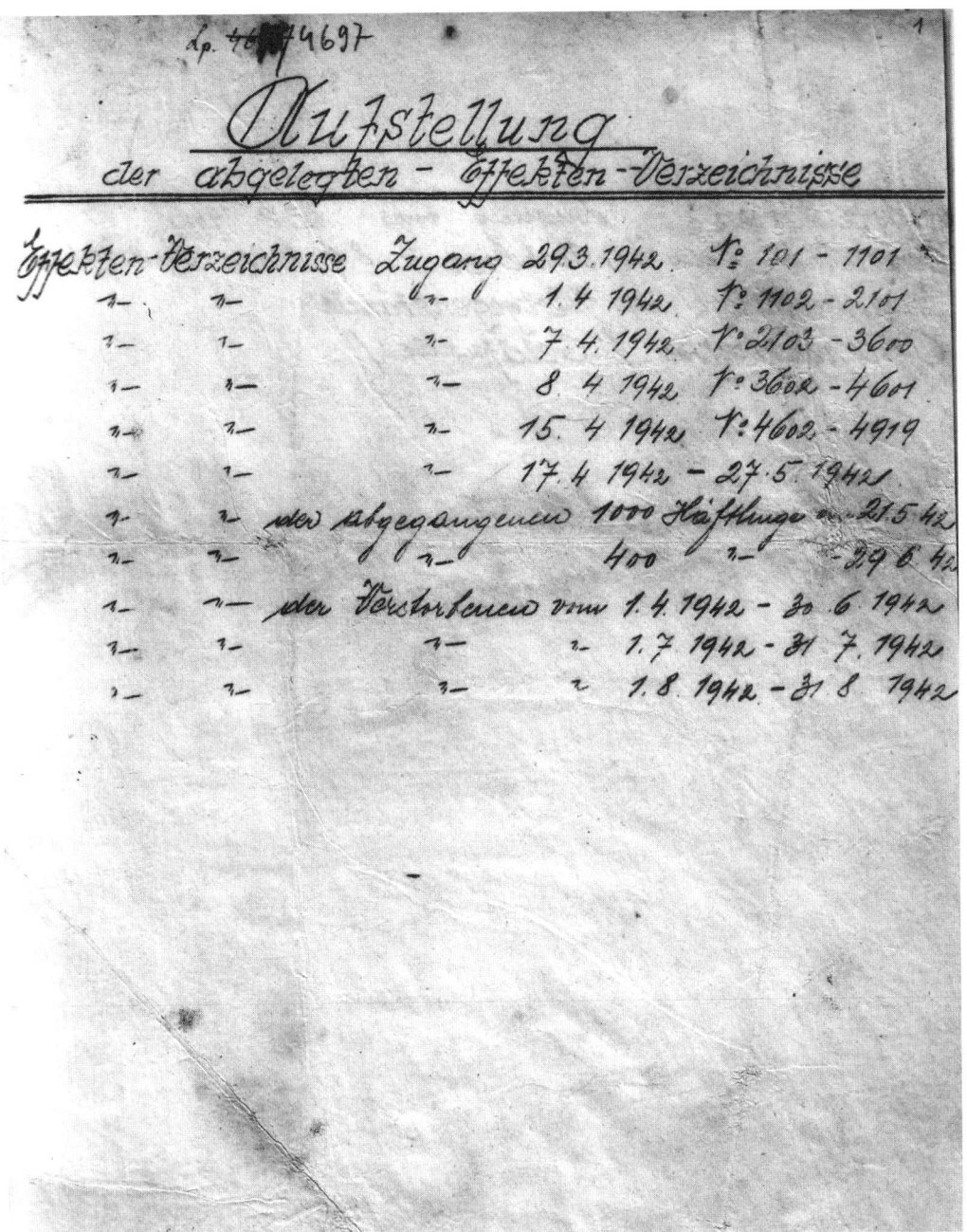

Abb. 21. Aufstellung der Effektenverzeichnisse mit Informationen zu den Ankunftsdaten der ersten Transporte slowakischer Juden und den ihnen zugeteilten Häftlingsnummern.

Z u g ä n g e   vom 7.5.1942.   Blatt 1/

Nachstehende Häftlinge haben die folgenden Beträge eingezahlt:

7090	Adler	Cudik	15. 1.01	Zastichost	RM	61.-
7439	Adler	Rudolf	21.12.12	Heingar	"	
7364	Akiermann	Abram	7. 6.28	Izbica	"	2).
7132	Akiermann	Samuel	7. 2.09	Lublin	"	30.--
7452	Arensberg	Kurt	23. 2.25	Kelc	"	55.-
7260	Badt	Icek David	23. 6.99	Lublin	"	5.--
7355	Barbanel	Moschek	19. 3.09	Warschau	"	1
7433	Bass 4.8046	Leo	1.12.94	Kolin	"	12.
7152	Blumensztok	Izrael	15.12.14	Lublin	"	
7395	Bock	Moritz	7. 8.03	Eltarh	"	100.--
7255	Borensztajn	Elias	20. 4.26	Lublin	"	4.-
7140	Brun	Szymon Icek	3. 3.05	Lublin	"	170.--
7159	Bura	Samuel	26. 8.15	Lublin	"	53.-
7404	Coopmann	Hans	4. 8.21	Linnich	"	10.
7432	Deimel	Erwin	14. 3.94	Kopidlo	"	17
7091	Deszynski	Moses	15. 8.66	Wloczzo	"	
7327	Dorfsman	Szyja Lejzer	12. 1.25	Ch 61	"	
7244	Drajblatt	Jakub	15. 3.05	Glas		1.-
7226	Edelmann	Joine	13. 6.99	Lublin		15.50
7194	Epelbaum	David	20. 1.27	Biskupice		3.-
7254	Epelbaum	Herszko Jos.	10. 8.05	Szedlce	"	50.--
7233	Pajlowicz	Berek	11	Lublin	"	45.-
30.	Fajgmann	Hersz Josef	5. 6.87	Lublin	"	76.50
7335	Fajman	Berek	12	Lublin	"	118.-
7122	Fajn	Sender	17. 7.04	Fizefow	"	6.--
7292	Fefer	Rachmil	15. 2.22	Lublin	"	30.-
7453	Feld	Benjamin	15. 6.18	Belzyce	"	1 .
7229	Feler	Jakob	3.10.11	Lublin	"	
7463	Zelkowicz	Szulim	22. 7.07	Sedlce	"	
7247	Feuerstein	Moses	5.12.27	Piaski	"	50.--
7457	Fischer	Otto	31. 5.09	Rokitzan	"	10.-
7436	Fischer V.	Vitezslav	17. 9.03	Tschernowitz	"	5.
7434	Fiser	Viktor	18. 7.14	Beraun	"	68.-
7347	Fiszman	Izaak	8. 9.24	Lublin	"	16.--
				Übertrag	RM	1.396.50

Abb. 22. Erste Seite einer Liste von am 7. Mai 1942 deportierten jüdischen Häftlingen mit Angaben zur Höhe der ihnen bei der Aufnahme ins Lager abgenommenen Geldsummen.

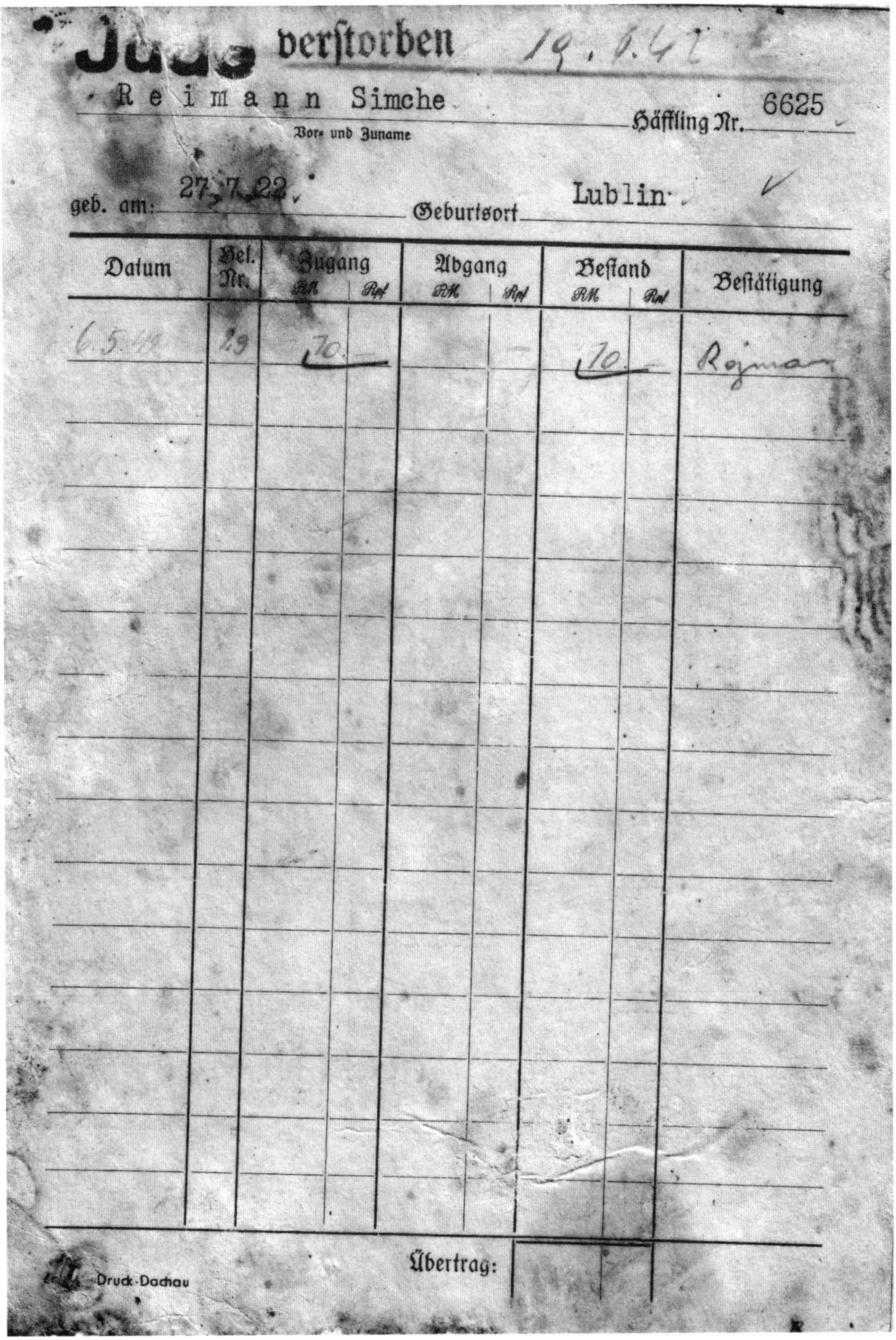

Jude verstorben 19.6.42

Reimann Simche   Häftling Nr. 6625
Vor- und Zuname

geb. am: 27.7.22   Geburtsort   Lublin

Datum	Bel. Nr.	Zugang		Abgang		Bestand		Bestätigung
		RM	Rpf	RM	Rpf	RM	Rpf	
6.5.42	29	70.—			—	70.—		Rejman

Druck-Dachau   Übertrag:

Abb. 23. Geldkarte des Simche Reimann aus Lublin. Er wurde am 6. Mai 1942 ins Lager gebracht und starb am 19. Juni 1942.

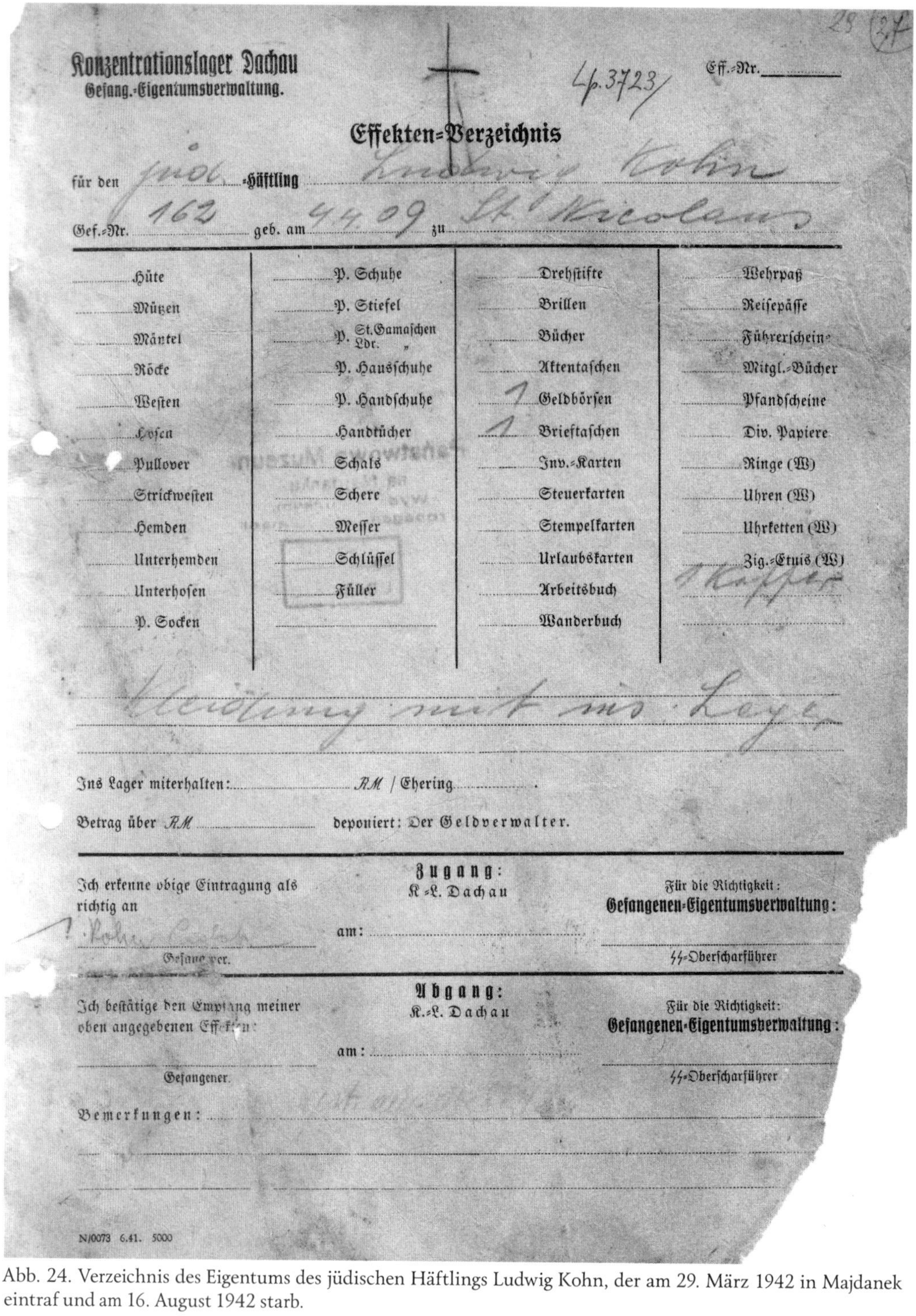

Konzentrationslager Dachau
Gefang.-Eigentumsverwaltung.

4p.3723/ Eff.-Nr. ....

Effekten-Verzeichnis

für den jüd. -Häftling Ludwig Kohn

Gef.-Nr. 162 geb. am 4.4.09 zu St. Nicolaus

.... Hüte	.... P. Schuhe	.... Drehstifte	.... Wehrpaß
.... Mützen	.... P. Stiefel	.... Brillen	.... Reisepässe
.... Mäntel	.... P. St.Gamaschen Ldr. "	.... Bücher	.... Führerschein
.... Röcke	.... P. Hausschuhe	.... Aktentaschen	.... Mitgl.-Bücher
.... Westen	.... P. Handschuhe	1 Geldbörsen	.... Pfandscheine
.... Hosen	.... Handtücher	1 Brieftaschen	.... Div. Papiere
.... Pullover	.... Schals	.... Inv.-Karten	.... Ringe (W)
.... Strickwesten	.... Schere	.... Steuerkarten	.... Uhren (W)
.... Hemden	.... Messer	.... Stempelkarten	.... Uhrketten (W)
.... Unterhemden	.... Schlüssel	.... Urlaubskarten	.... Zig.-Etuis (W)
.... Unterhosen	.... Füller	.... Arbeitsbuch	1 Koffer
.... P. Socken	....	.... Wanderbuch	....

Kleidung mit ins Lager

Ins Lager miterhalten: .... RM / Ehering ....

Betrag über RM .... deponiert: Der Geldverwalter.

Zugang:
K.-L. Dachau

Ich erkenne obige Eintragung als richtig an

1 Kohn Ludwig

Gefangener.

am: ....

Für die Richtigkeit:
Gefangenen-Eigentumsverwaltung:

....
SS-Oberscharführer

Abgang:
K.-L. Dachau

Ich bestätige den Empfang meiner oben angegebenen Effekten:

....
Gefangener.

am: ....

Für die Richtigkeit:
Gefangenen-Eigentumsverwaltung:

....
SS-Oberscharführer

Bemerkungen: ....

N/0073 6.41. 5000

Abb. 24. Verzeichnis des Eigentums des jüdischen Häftlings Ludwig Kohn, der am 29. März 1942 in Majdanek eintraf und am 16. August 1942 starb.

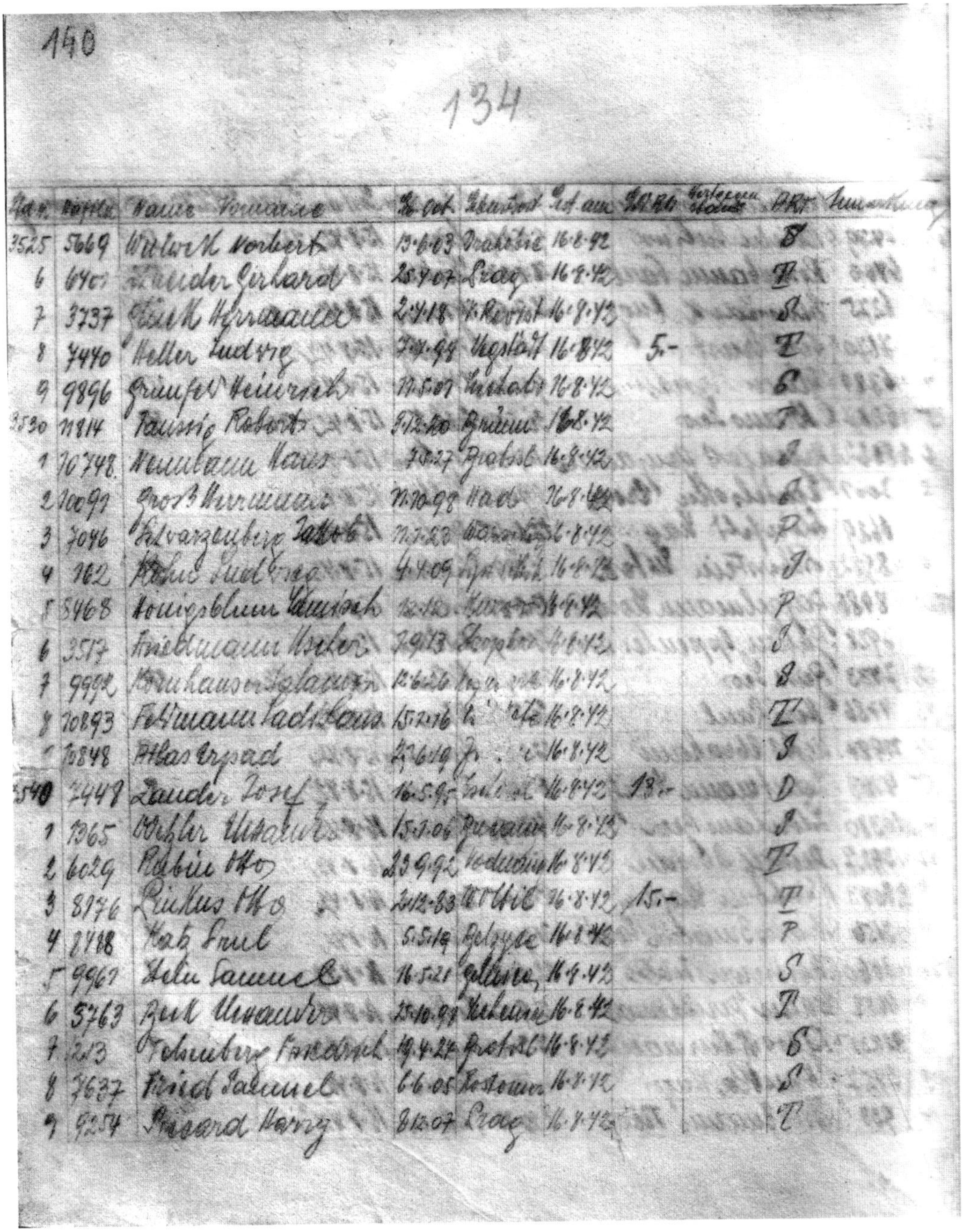

Abb. 25. Fragment des Totenbuchs mit Vermerk des Todes Ludwig Kohns (Nr. 3534).

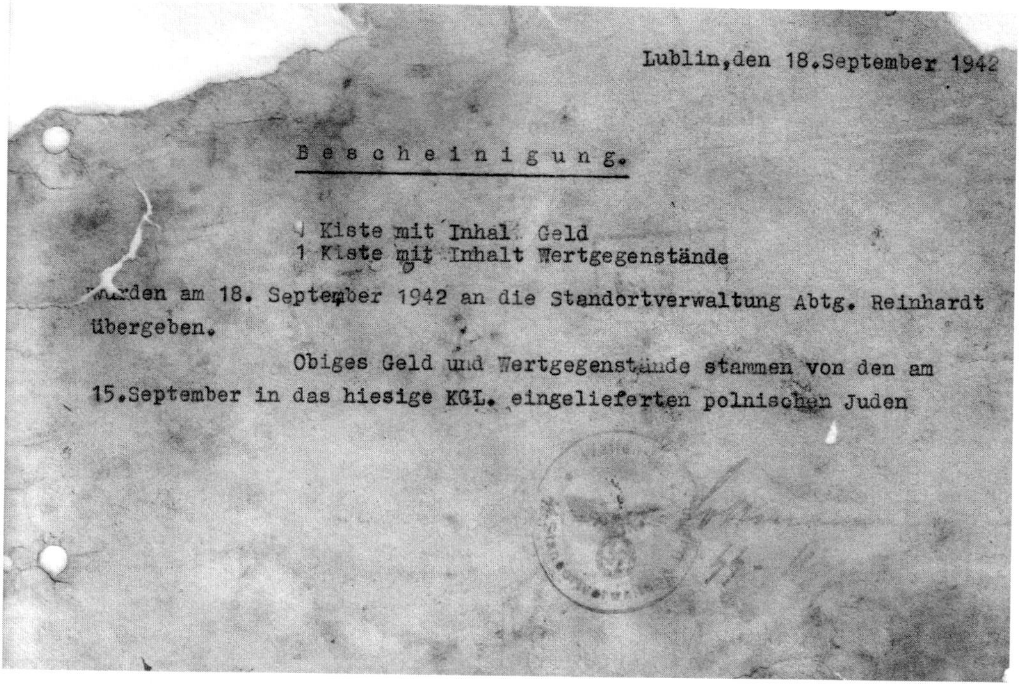
Lublin,den 18.September 1942

Bescheinigung.

1 Kiste mit Inhalt Geld
1 Kiste mit Inhalt Wertgegenstände

wurden am 18. September 1942 an die Standortverwaltung Abtg. Reinhardt übergeben.

Obiges Geld und Wertgegenstände stammen von den am 15.September in das hiesige KGL. eingelieferten polnischen Juden

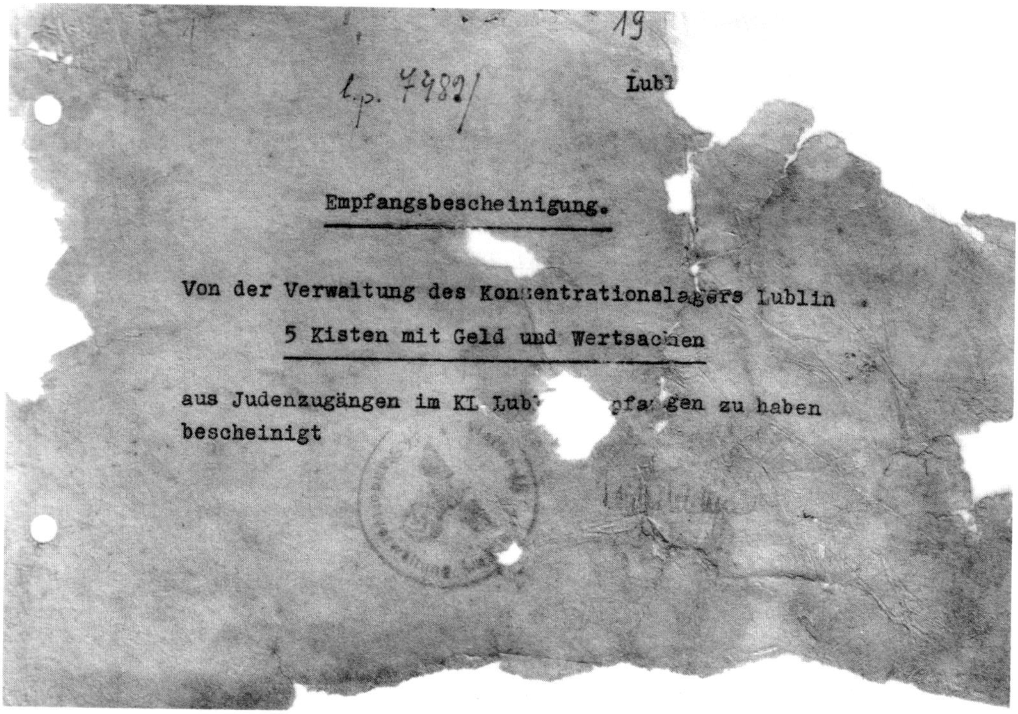
19

L.p. 7982/

Lubl

Empfangsbescheinigung.

Von der Verwaltung des Konzentrationslagers Lublin

5 Kisten mit Geld und Wertsachen

aus Judenzugängen im KL Lub[illegible] [illegible]pfangen zu haben bescheinigt

Abb. 26. Empfangsbestätigung des Stabs der »Aktion Reinhardt« über den Erhalt von Kisten mit Geld und Wertsachen von der Verwaltung Majdaneks, die den ins Lager deportierten Juden geraubt wurden.

Waffen-SS
Konzentrationslager Lublin
Politische Abteilung

Lublin, den 22. 5. 43

An die Abtlg.III - Lagerschreibstube - Effektenkammer - Arbeitseinsatz

Heute wurde ein Jude, Jozef R o z b e r g e r , geb. 5.8.17, poln. Kriegsgefangener, vom Kommandeur der Sicherheitspolizei und des SD, Lublin ins KL eingeliefert.

Bei Rozberger besteht erneute Fluchtgefahr.

i.A.

SS-Sturmmann

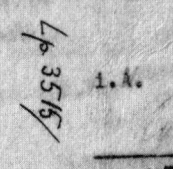

Waffen-SS
Konzentrationslager Lublin
Politische Abteilung

Lublin, den 15.10.1943

An

Abteilung III-Lagerschreibstube-Effektenkammer-Arbeitseinsatz

Vom SS - und Polizeiführer Lublin wurde am 15.10.43 der poln. Jude : K w a c z Nathan, geb.15.3.24 zu Kalisz ins Konzentrationslager Lublin eingeliefert.

i.A.

SS-Unterscharführer

Abb. 27. Benachrichtigung über die Inhaftierung der Juden Józef Rozberger und Nathan Kwacz in Majdanek.

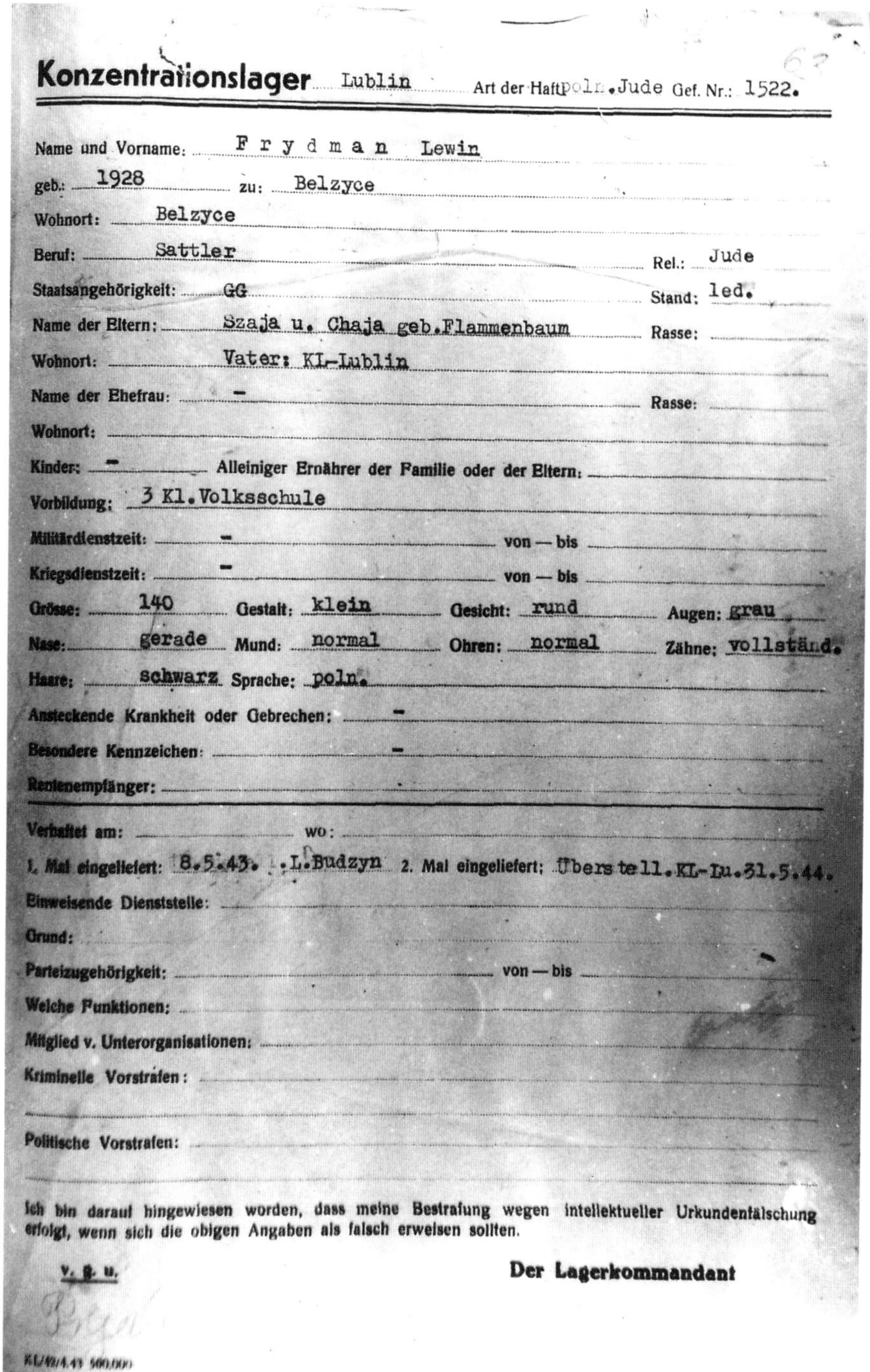

Konzentrationslager Lublin   Art der Haft: poln. Jude Gef. Nr.: 1522.

Name und Vorname: F r y d m a n Lewin

geb.: 1928   zu: Belzyce

Wohnort: Belzyce

Beruf: Sattler   Rel.: Jude

Staatsangehörigkeit: GG   Stand: led.

Name der Eltern: Szaja u. Chaja geb. Flammenbaum   Rasse:

Wohnort: Vater: KL-Lublin

Name der Ehefrau: -   Rasse:

Wohnort:

Kinder: -   Alleiniger Ernährer der Familie oder der Eltern:

Vorbildung: 3 Kl. Volksschule

Militärdienstzeit: -   von — bis

Kriegsdienstzeit: -   von — bis

Grösse: 140   Gestalt: klein   Gesicht: rund   Augen: grau

Nase: gerade Mund: normal   Ohren: normal   Zähne: vollständ.

Haare: schwarz Sprache: poln.

Ansteckende Krankheit oder Gebrechen: -

Besondere Kennzeichen: -

Rentenempfänger:

Verhaftet am: _____ wo:

1. Mal eingeliefert: 8.5.43. L.Budzyn 2. Mal eingeliefert: Überstell. KL-Lu. 31.5.44.

Einweisende Dienststelle:

Grund:

Parteizugehörigkeit: _____ von — bis

Welche Funktionen:

Mitglied v. Unterorganisationen:

Kriminelle Vorstrafen:

Politische Vorstrafen:

Ich bin darauf hingewiesen worden, dass meine Bestrafung wegen intellektueller Urkundenfälschung erfolgt, wenn sich die obigen Angaben als falsch erweisen sollten.

v. g. u.   **Der Lagerkommandant**

KL/42/4.43 500.000

Abb. 28. Häftlingspersonalbogen von Lewin Frydman aus Bełżyce, der am 31. Mai 1944 aus dem Nebenlager Budzyń nach Majdanek kam.

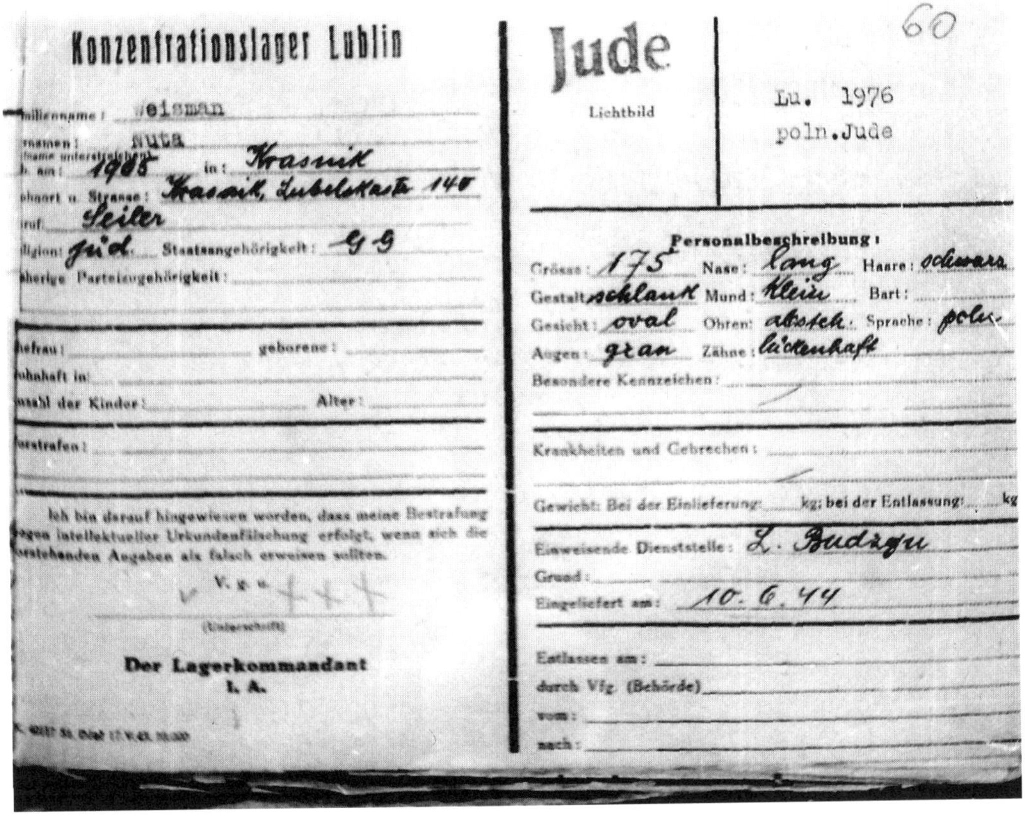

Konzentrationslager Lublin

Familienname: Weisman

Vornamen: Nuta
(Name unterstreichen)

geb. am: 1905 in: Krasnik

Wohnort u. Strasse: Krasnik, Lubelskastr. 140

Beruf: Seiler

Religion: jüd. Staatsangehörigkeit: G-G

Bisherige Parteizugehörigkeit:

Ehefrau: geborene:

Wohnhaft in:

Zahl der Kinder: Alter:

Vorstrafen:

Ich bin darauf hingewiesen worden, dass meine Bestrafung wegen intellektueller Urkundenfälschung erfolgt, wenn sich die vorstehenden Angaben als falsch erweisen sollten.

v. V. g. u. + + +

(Unterschrift)

Der Lagerkommandant
I. A.

Jude

Lichtbild

Lu. 1976
poln.Jude

60

Personalbeschreibung:

Grösse: 175 Nase: lang Haare: schwarz

Gestalt: schlank Mund: klein Bart:

Gesicht: oval Ohren: absteh. Sprache: poln.

Augen: grau Zähne: lückenhaft

Besondere Kennzeichen:

Krankheiten und Gebrechen:

Gewicht: Bei der Einlieferung: kg; bei der Entlassung: kg

Einweisende Dienststelle: L. Budzyn

Grund:

Eingeliefert am: 10.6.44

Entlassen am:

durch Vfg (Behörde)

vom:

nach:

Abb. 29. Häftlingspersonalkarte des jüdischen Häftlings Nuta Weisman, der am 10. Juni 1944 aus dem Nebenlager Budzyń nach Majdanek verlegt wurde.

8

Waffen-SS
Konzentrationslager Lublin
Politische Abteilung

Lublin, den 10.5.43

An Abt. III - Lagerschreibstube - Effektenkammer - Arbeitseinsatz - Frauenlager

Folgende Frauen wurden ins KL eingeliefert:

Am 7.5.43   529 Frauen (Jüdinnen) (Sipo und SD Warschau)
" 9.5.43   547 Frauen (Jüdinnen) (dto   )
" 10.5.43   496 Frauen (Jüdinnen) (dto   )

Krim. Sekr.

Waffen-SS
Konzentrationslager Lublin
Politische Abteilung

Lublin, den 10.5.43

An Abtlg. III - Lagerschreibstube - Effektenkammer - Arbeitseinsatz

Folgende Männer (Juden) wurden ins KL eingeliefert:

Am 7.5.43   761 Juden (Sipo und SD Warschau)
Am 9.5.43   895 Juden (dto   )
Am 10.5.43   873 Juden (dto   )

Krim. Sekr.

106490

Abb. 30. Meldung der politischen Abteilung an die anderen Abteilungen des Kommandanturstabs mit Informationen über die Zahl der am 7., 9., und 10. Mai 1943 aus dem Warschauer Ghetto deportierten jüdischen Frauen und Männer. Insgesamt wurden 4.103 Personen ins Lager eingeliefert.

Männer

14.5.43. 6.00	13349	
14.5.43.	505	
14.5.43.	8	
15.5.43. 6.00	13846	

	Ukrainer	
53		3.00
6		3280
3		9582
17		79
3	.U.Div.-.rb.	523
		13846

33	4791
	5846
	2246
	963
	13846

15.5.43.	13846

Oberscharführer   Untersturmführer

Abb. 31. Meldung über die Belegung des Männerlagers vom 15. Mai 1943. Insgesamt wurden 13.846 männliche Häftlinge gezählt, darunter 9.582 Juden.

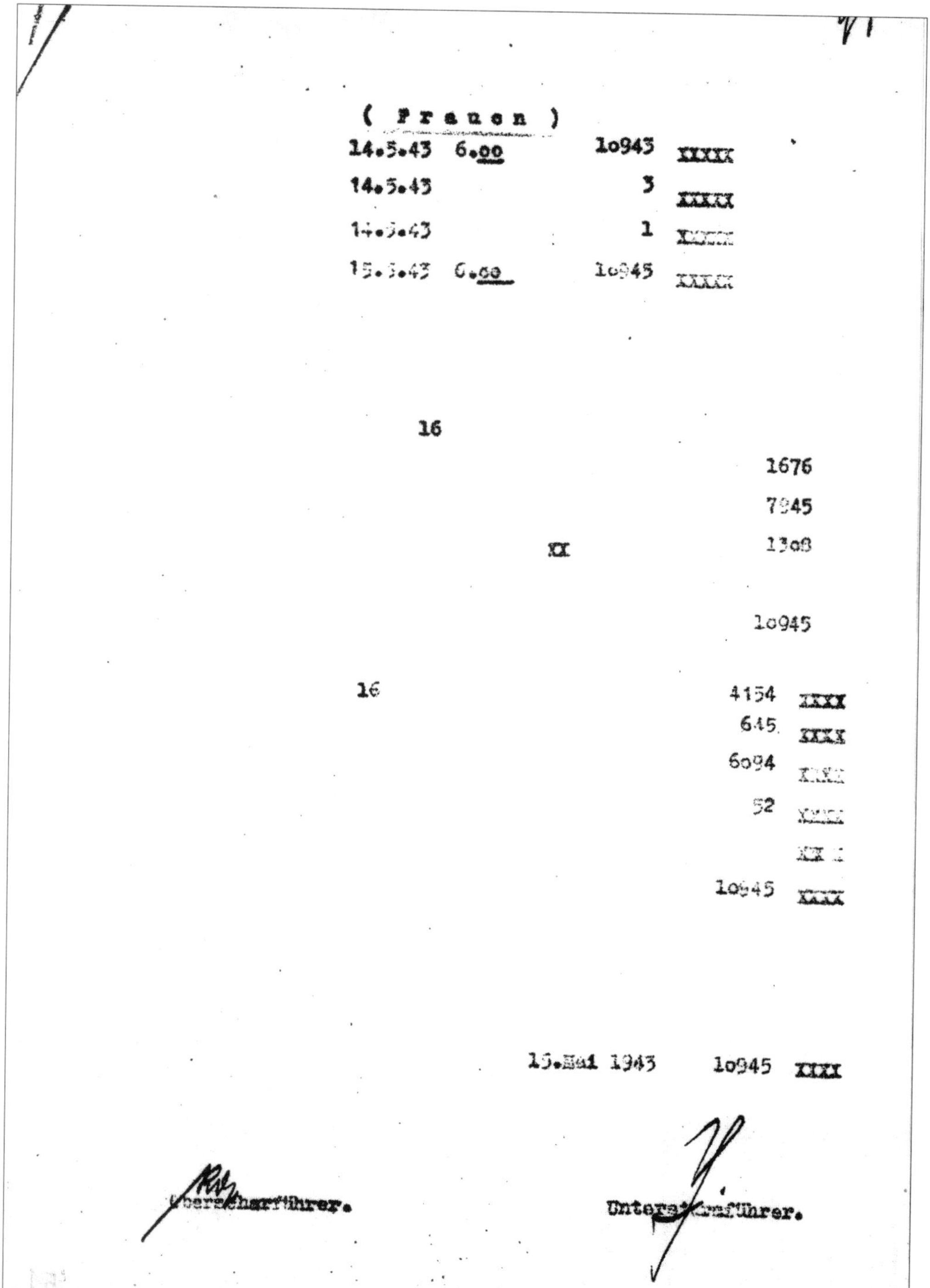

(F r a u e n)

14.5.43	6.00	10943	XXXX
14.5.43		3	XXXX
14.5.43		1	XXXX
15.5.43	6.00	10945	XXXX

16

1676
7945
XX   1308

10945

16

4154	XXXX
645	XXXX
6094	XXXX
52	XXXX
	XX
10945	XXXX

15.Mai 1943   10945 XXXX

Oberscharführer.   Unterscharführer.

Abb. 32. Meldung über die Belegung des Frauenlagers vom 15. Mai 1943. Insgesamt wurden 10.945 weibliche Häftlinge gezählt, darunter 7.945 Jüdinnen.

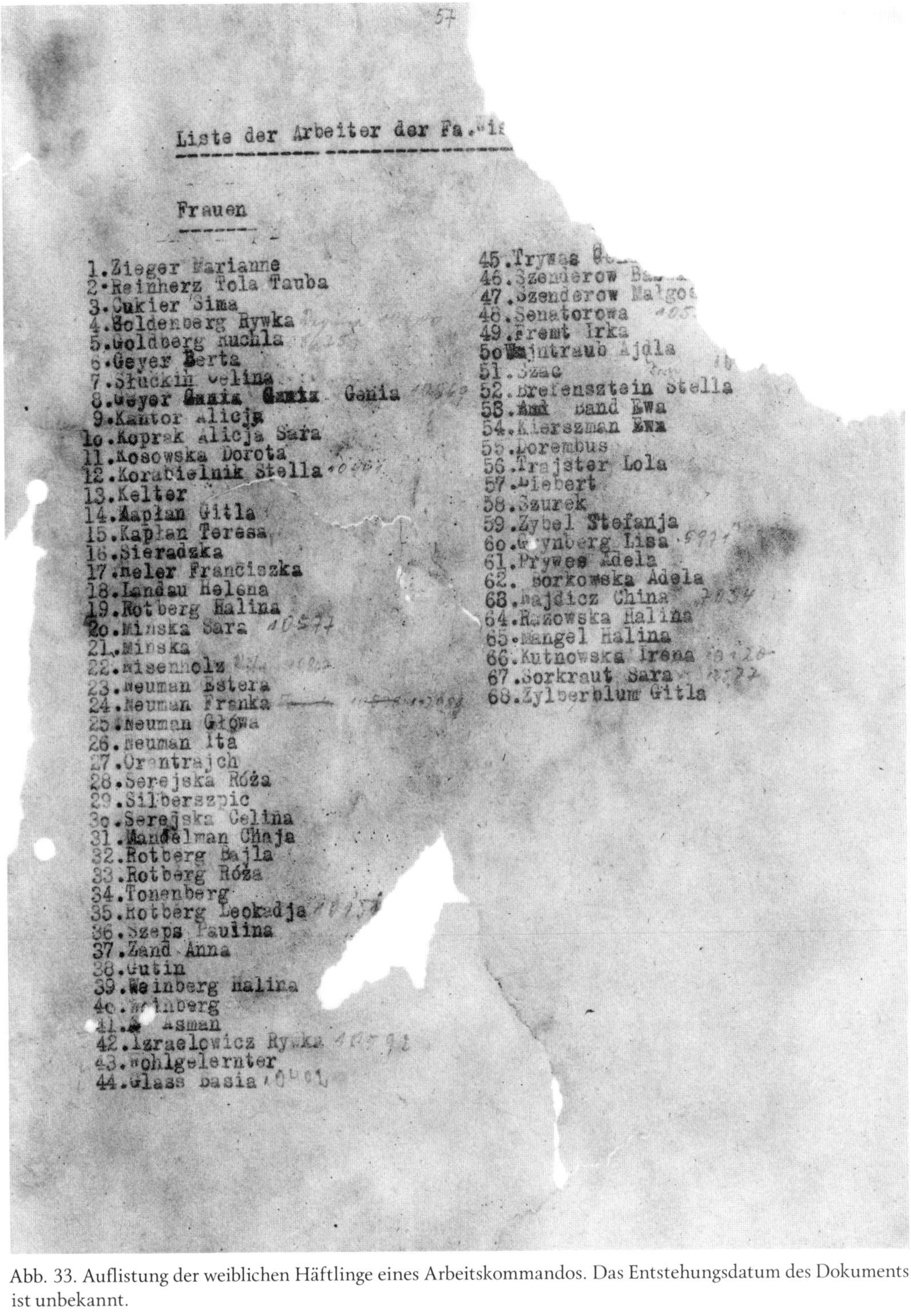

Liste der Arbeiter der Fa.

Frauen

1.Zieger Marianne
2.Reinherz Tola Tauba
3.Cukier Sima
4.Goldenberg Rywka
5.Goldberg Ruchla
6.Geyer Berta
7.Stuckin Celina
8.Geyer Gasia Genia
9.Kantor Alicja
1o.Koprak Alicja Sara
11.Kosowska Dorota
12.Korabielnik Stella
13.Kelter
14.Kaplan Gitla
15.Kaplan Teresa
16.Sieradzka
17.Heler Franciszka
18.Landau Helena
19.Rotberg Halina
2o.Minska Sara
21.Minska
22.Eisenholz
23.Neuman Estera
24.Neuman Franka
25.Neuman Głowa
26.Neuman Ita
27.Orentrajch
28.Serejska Róża
29.Silberszpic
3o.Serejska Celina
31.Mandelman Chaja
32.Rotberg Bajla
33.Rotberg Róża
34.Tonenberg
35.Rotberg Leokadja
36.Szeps Paulina
37.Zand Anna
38.Gutin
39.Weinberg Malina
4o.Weinberg
41.Asman
42.Izraelowicz Rywka
43.Wohlgelernter
44.Glass Basia

45.Trynas
46.Szenderow Ba
47.Szenderow Małgos
48.Senatorowa
49.Fremt Irka
5o.Wajntraub Ajdla
51.Szac
52.Brefensztein Stella
53.Amt Band Ewa
54.Kierszman Ewa
55.Lorembus
56.Trajster Lola
57.Liebert
58.Szurek
59.Zybel Stefanja
6o.Grynberg Liza
61.Prywes Adela
62.Borkowska Adela
63.Bajdicz China
64.Razowska Halina
65.Mangel Halina
66.Kutnowska Irena
67.Sorkraut Sara
68.Zylberblum Gitla

Abb. 33. Auflistung der weiblichen Häftlinge eines Arbeitskommandos. Das Entstehungsdatum des Dokuments ist unbekannt.

Konz.-Lager Lublin
Lagerarzt
Häftlingskrankenbau

Lublin, den 2. 8. 19 42.

An den Rapportführer.
die Lagerschreibstube.
das Krematorium.

Abgang durch Tod!

Gef. Art. Jude   Name H a n d l e r Julius   Blok 20/I Nr. 1132

geboren 3.4.1961   zu Topolcany   Beruf

Fam. Stand   Kinder   Religion jüdisch

Wohnort

Einweisende Behörde

Revieraufnahme 2. 8. 1942   gestorben 2.8.1942 8.15 Uhr

Leichenschau 2. 8. 1942   Zeit 8.35 Uhr

Diagnose Akuter Darmkatarrh.

Todesursache Herzschwäche bei Darmkatarrh.

Der Lagerarzt des Konz.-Lagers
L u b l i n

i.V.

St. Dżał 29.V.42. 10.000

SS- Unterscharführer.

Abb. 34. Totenschein des slowakischen Juden Julius Handler vom 2. August 1942, ausgestellt vom Lagerarzt.

otenmeldung für die Effektenkammer.

H.Nr.	Art:	Name:	geb.am:	in:	vers.
5892	S.U.Ziv.Gef.	Huczak Michal	29. 5.09	Rudenka	26.12.
4236	poln.	Mükstein Mordko	5.10.11	Ostrow	-"-
4470	poln.	Schabassohn Wolf	1. 1.23	Sandomierz	-"-
4031	poln.	Zufrieden Rubin	29. 7.02	Lublin	-"-
4785	poln.	Lament Hersch	3. 4.17	Warschau	-"-
1493	poln.	Schall Sigmund	3. 6.21	Przemysl	-"-
12758	poln.	Biber Manes	12. 6.08	Chelm-Lubelski	-"-
5676	poln.	Spiro Gerson	-. -.09	Lublin	-"-
17313	poln.	Ajdelsberge Berek	2. 3.11	Kolchowice	-"-
17108	poln.	Rosenberg Abraham	-. -.12	Bychawa	-"-
18668	poln.	Gritzmacher Simcha	15. 6.03	Cholm	-"-
7449	poln.	Frenzel Jakub	21. 1.10	Warschau	-"-
6981	poln.	Gartenkraut Aron	19.12.22	Lublin	-"-
		Feld II:			
070	Pole	Tarobrat Mieczyslaw	10. 2.22	Budki	-"-
775	Pole	Matek Wladyslaw	17. 8.21	Uisce	-"-
704	Pole	Priczuk Piotr	25. 7.21	Kmyczen	-"-
16440	Pole	Hawrilak Stanislaw	18. 4.21	Pokazów	-"-
18816	Pole	Patro Jan	7. 7.00	Rózaniec	-"-
19145	Pole	Romanczuk Czeslaw	27. 8.06	Kurowiec	-"-
933	Pole	Pietruszka Piotr	23. 6.19	Kwasówka	-"-
428	Pole	Skop Grzegor	11.11.05	Tuczapy	-"-
18813	Pole	Cwikla Tadeusz	1. 9.18	Kurilowka	-"-
2884	Pole	Fjutka Albin	30. 6.21	Wulka-Zablocka	-"-
16935	poln.	Kleczewski Mayer	26.10.13	Szlesjn	-"-
14271	poln.	Folberg Kalman	15. 3.98	Korzenica	-"-
19440	poln.	Seidenband Majlech	17. 9.85	Janów	-"-
19776	poln.	Eisenstein Tanchen	1.12.19	Lublin	-"-
19765	poln.	Geichgewicht Chaim	-. -.22	Lublin	-"-
19746	poln.	Irland Abraham	13. 5.13	Lublin	-"-
18638	poln.	Wasserstrom Berek	24. 5.24	Lubart	
19466	poln.	Wassermann Dawid	10. 8.79	Izb	
5632	poln.	Kupfer Schilin	24. 3.		
3511	poln.	Gorczyczanki Hersch	20. 7.18		
1757	poln.	Braun Schloma	15.11.80	ica	-"-
19450	poln.	Margules Wolf	1. 3.	rtbrücken	-"-
18932	poln.	Wohlberg Moses	31. 3.	blin	-"-
18914	poln.	Deder Schloma	8. 1.2	nn	
15012	poln.	Urbeitel Moses	5.12. .01	nava	
13622	poln.	Hiller Hersch	23. 2.95	Warsc	
7961	d.	Mannheimer Erich	15.11.13	Bel....rt	
6029	poln.	Guttmann Moses	8. 6.05	Lomza	
3703	poln.	Silbermann Lejb	10. 4.22	Warschau	-"-
1901	poln.	Weinstock Schmul	15. 8.12	Warschau	-"-
13032	poln.	Redler Simcha	20. 5.23	Warschau	-"-
1605	poln.	Hochmann Bere	17. 3.24	Warschau	-"-
17690	poln.	Weber Fische	1. 7.26	Biechowa	-"-
17555	poln.	Nachmann Berek		Lublin	
		Feld III:	26.10.22	Warschau	-"-
6660	poln.	Semiontek Max	2.12.07	Litzmannstadt	-"-
713	poln.	Schwarzmann Rubin	16. 4.20	Warschau	
780	poln.	Langmann Na	19. 4.07	Warschau	
6097	poln.	Morgenstein Jakob	6. 1.06	Warschau	
5855	poln.	Schlesinger Arje	31. 1.06	Radom	
3725	poln.	Weiz muth Jetel	7. 1.06	Wars	
5920	poln.	Jan Leon	13. 3.13	Dr	
5609	poln.	Til sia	30. 1.07		
	poln.	Szpl	7.11.0		
	poln.	Sate			

Abb. 35. Fragment eines durch die Schreibstuben der einzelnen Häftlingsfelder aufgestellten Verzeichnisses der am 26. Dezember 1942 gestorbenen Häftlinge.

4	Milanowski	Franciszek	24.11.97	Zakrzew	poln. Geisel
5	Albinger	Josef	15.6.11	Chomenczyska	" "
6	Czerjakow	Pawel	1.7.02	Tarnowatka	" "
7	Durak	Stanislaw	21.3.23	Dombini	"
8	Widynski	Stanislaw	24.12.13	Wola-Niemiecka	"
9	Wróbel	Boleslaw	1.5.13	Dombie	"
13700	Patro	Adam	21.10.13	Ruzaniec	"
1	Skuplewski	Tadeusz	5.10.08	Lublin	Arbeitsscheuer
2	Krukowski	Tadeusz	8.11.23	Krasowka	poln. Geisel
	Zakreślono:				
"	Sas	Danylo	15.10.88	Lotow	poln. Geisel "
3	Sadowski	Zenon	2.2.22	Wysokie	"
4	Karpowicz	Josef	1896	Weglanka	"
5	Krajewski	Franciszek	10.10.11	Sklarwa	"
6	Czuba	Jan	10.10.84	Malochwej	"
7	Bus	Waclaw	20.9.19	Kondkownica	"
8	Bubrzawa	Wladyslaw	10.1.03	Jadowniki-Mokre	"
9	Gajko	Wladyslaw	3.6.02	Dorochucz	"
13710	Grzechnik	Michal	1905	Lypiny	"
1	Papinski	Antoni	29.5.24	Tuczna	"
2	Sowa	Boleslaw	1924	Hosznia	"
3)	Zajonc	Lukasz	10.8.92	Bialka	"

Monat Dezember 1942		letzte Nummer	Nov.1942	13235
Todesfälle von Juden im Kzl.Lublin	2505	" "	Dez.1942	13713
diverse Schutzhäftlinge			Tote Sch.	
/-Polen,Griechen,Civilrussen etc./	478			478
insgesamt	2983	Tote im Dezember 1942		

Abb. 36. Fragment einer Abschrift des Sterberegisters mit der Aufstellung der Gesamtzahl der Verstorbenen im Dezember 1942. Für diesen Monat wurde der Tod von 2.505 Juden und 478 nichtjüdischen Häftlingen registriert.

place surrounded by barbed wire. This place was between the property barracks and the bathing barracks. Each single internee first came to the property barracks where all luggage and the entire laundry and clothing were taken away from him. Without registering or writing down the valuables and money, all these things were put into an opening of a locked case. All the confiscated laundry and clothing also shoes were first thrown in a pile and afterwards searched thoroughly. From these clothings, a larger quantity of valuables and money and gold pieces was always found, and these were also put into the locked case. After the newcomers had given everything away, and after they were registered, they had to go in the bathing barrack, located opposite the property barrack, where they received clothing of the camp, and then they were put into the Schutzhaftlager where they were divided into the various barracks. Older, weak and sick persons were not taken into the camp; they had to remain in the bathing barracks and were taken to the gas chamber during the evening hours. Here, too, the segregation was done by the camp doctor and camp commandant, upon orders of the SS and Police leader, SS-Gruppenführer GLOBOTSCHNIK, who also showed interest on his visits for the gas chambers. I estimate the number of internees which came to the concentration camp of Lublin in connection with the action taken in Warsaw to 15,000, and those who died in the gas chamber to 4,000 to 5,000 internees.

Officers who operated the gas chamber were:

SS Oberscharführer EMDRESS
SS Oberscharführer PERSCHAM

The gas chamber was a massive stone building of about 6 x 6 meters and approximately two meters high, with two doors, of which one was only opened when the place was aired. On the outside of the building was a little annex in which the gas - flask was stored.

5. **Action of the SS and Police leader of Lublin:**

It was in the beginning of the month of November 1943. As on all other days, I went to the camp at 0700 to start my work. As I arrived at the shops which were under my supervision and which were located only a short distance from the barbed wire fence of the Schutzhaftlager (Protective Custody Camp), I noticed several companies of police troops who had built a strong chain of posts around the entire barbed wire fence of the camp. On this morning, not a single internee came to work. As a matter of fact, I had no idea what the meaning of this was, and I asked a comrade. Only then I learned that all Jewish internees of the camp were to be shot. The Jewish internees were of all nationalities, mainly Germans, Polish and Slovakian, also French, Belgian, and Dutch. Also all internees who were not actually living in the regular camp, such as detail for the Deutschen Ausrüstungswerke (German Armament Works) of Lublin, and the detail for the clothing shop were transferred to the camp. I estimate the number of such internees at 1,000, and informed later on, the total of internees shot was 17,000. The shootings were executed in three dug ditches

Abb. 37. Ausschnitt aus der schriftlichen Aussage vom 6. August 1945 des Leiters der technischen Abteilung, Friedrich W. Ruppert, in welcher er die Ankunft der Juden aus dem Warschauer Ghetto im Frühjahr 1943 sowie die Massenexekution vom 3. November 1943 (»Erntefest«) beschreibt.

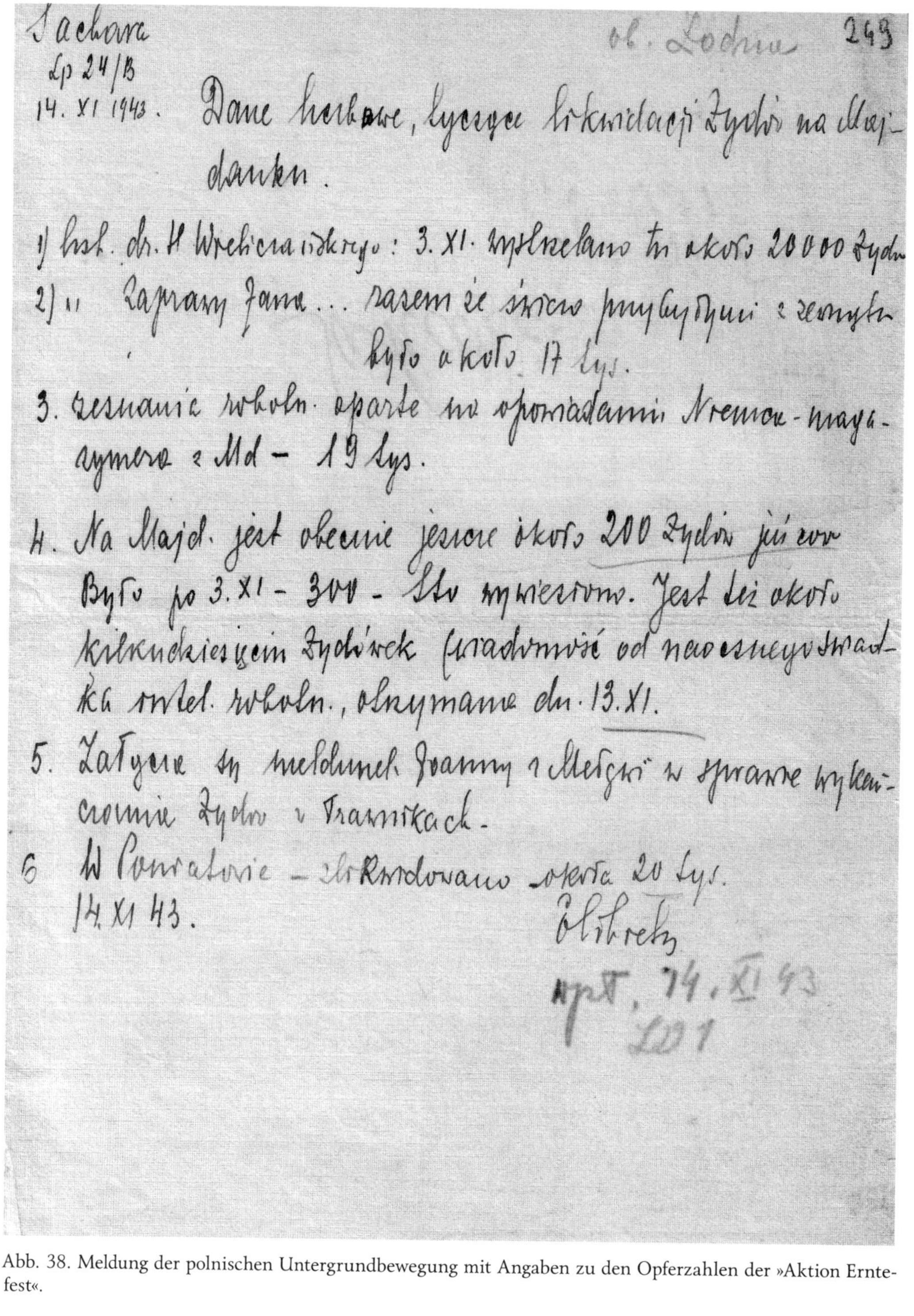

Sachowa   ob. Lodnia   243
Łp 24/B
14. XI 1943.   Dane liczbowe, tyczące likwidacji Żydów na Maj-
                danku.

1) Insl. dr. M Wrebiera widerego : 3. XI. wystrzelano tu około 20 000 Żydów

2) „   Lapram Jama... razem ze świeżo przybyłymi z reszytu
                            było około 17 tys.

3. zeznanie wskoln. oparte na opowiadaniu Niemca - maga-
   zyniera z Md - 19 tys.

4. Na Majd. jest obecnie jeszcze około 200 Żydów już co
   Było po 3. XI - 300 - Stu wywiezionu. Jest też około
   kilkudziesięciu Żydówek (wiadomość od naocznego świad-
   ka wstel. wskoln., otrzymane dn. 13. XI.

5. Załączam tu meldunek Joanny z Metgro w sprawie wykoń-
   czenia Żydów v Trawnikach.

6. W Poniatowie - zlikwidowano około 20 tys.
14. XI 43.
                                            Olibroty
                                    opt. 14. XI 43
                                        ŁŁŁ

Abb. 38. Meldung der polnischen Untergrundbewegung mit Angaben zu den Opferzahlen der »Aktion Erntefest«.

Abb. 39. Thorarolle und andere geraubte Gegenstände, gefunden unmittelbar nach der Auflösung des Lagers (1944).

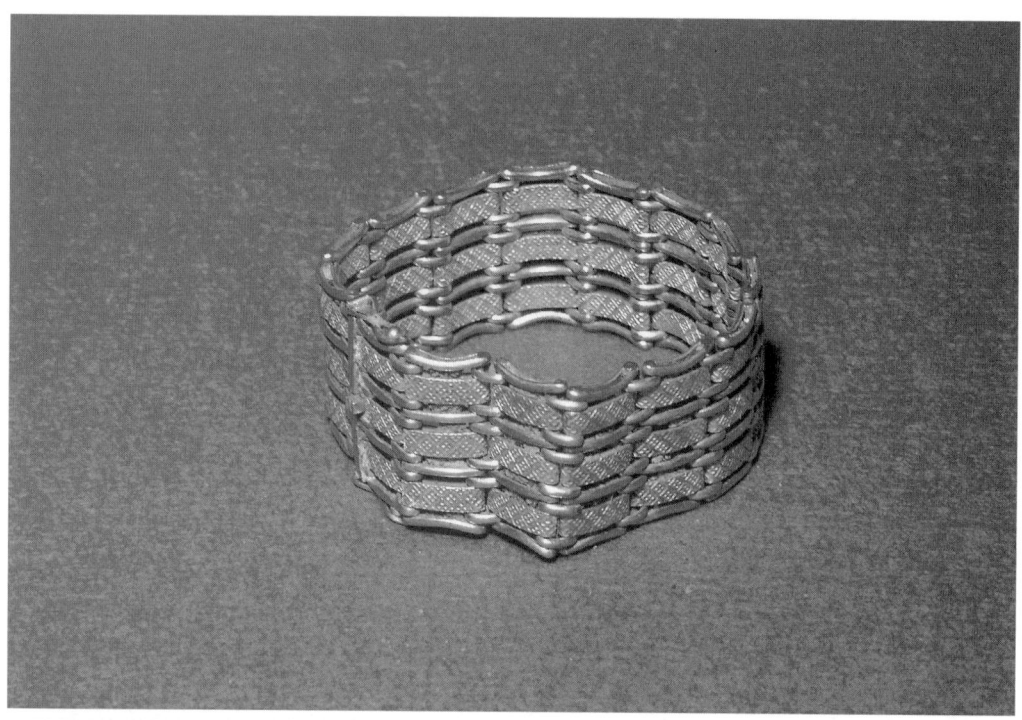

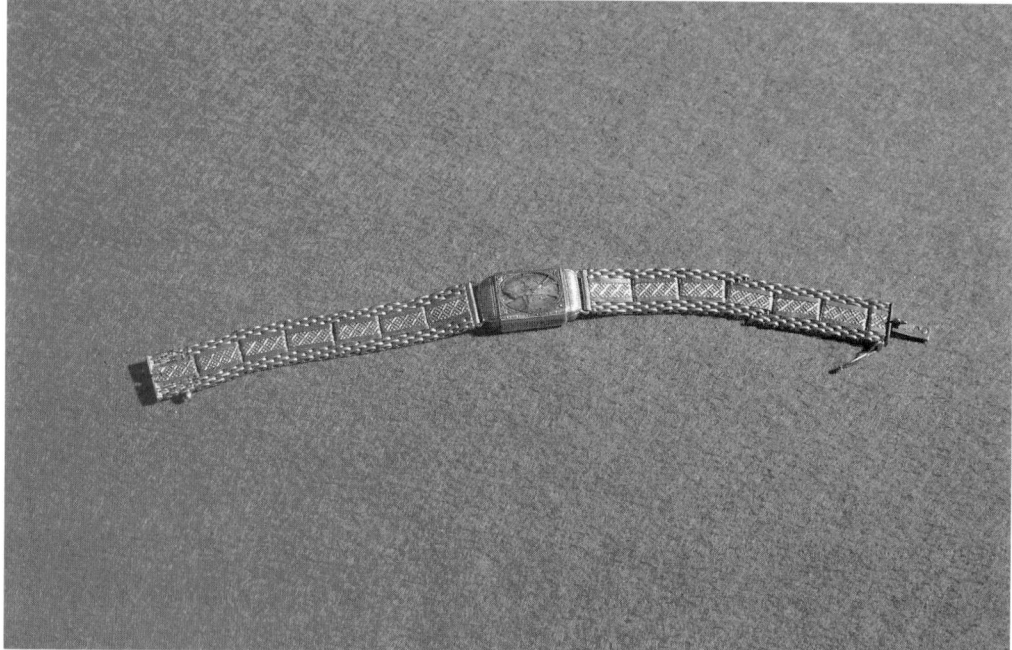

Abb. 40. Armband und Damenuhr, gefunden während archäologischer Arbeiten im Oktober 2005 auf Zwischenfeld II. Die Gegenstände wurden wahrscheinlich von Warschauer Juden versteckt, die im Frühjahr 1943 nach Majdanek deportiert wurden. (Foto I. Małecka)